조선의 마지막 황녀

덕혜옹주

조선의 마지막 황녀
덕혜옹주

초판 1쇄 발행 2010년 5월 2일
초판 5쇄 발행 2016년 9월 5일

원작 권비영
글 김현태
그림 장윤정
펴낸이 김선식

경영총괄 김은영
마케팅총괄 최창규
콘텐츠개발3팀장 김서윤 **콘텐츠개발3팀** 이여홍, 김규림, 이은, 김수나
마케팅본부 이주화, 정명찬, 이상혁, 최혜령, 양정길, 박진아, 김선욱, 이승민, 김은지
경영관리팀 송현주, 권송이, 윤이경, 임해랑, 김재경

펴낸곳 다산북스 **출판등록** 2005년 12월 23일 제313-2005-00277호
주소 경기도 파주시 회동길 37-14 3, 4층
전화 02-702-1724(기획편집) 02-6217-1726(마케팅) 02-704-1724(경영관리)
팩스 02-703-2219 **이메일** dasanbooks@dasanbooks.com
홈페이지 www.dasanbooks.com **블로그** blog.naver.com/dasan_books
종이 한솔피엔에스 **인쇄·제본·후가공** (주)갑우문화사

ISBN 978-89-6370-239-1 (73810)

• 책값은 뒤표지에 있습니다.
• 파본은 구입하신 서점에서 교환해드립니다.
• 이 책은 저작권법에 의하여 보호를 받는 저작물이므로 무단 전재와 복제를 금합니다.

다산북스(DASANBOOKS)는 독자 여러분의 책에 관한 아이디어와 원고 투고를 기쁜 마음으로 기다리고 있습니다.
책 출간을 원하는 아이디어가 있으신 분은 이메일 dasanbooks@dasanbooks.com 또는 다산북스 홈페이지 '투고원고'란으로 간단한 개요와 취지, 연락처 등을 보내주세요. 머뭇거리지 말고 문을 두드리세요.

조선의 마지막 황녀

덕혜옹주

원작 **권비영** | 글 **김현태** | 그림 **장윤정**

추천의 글

봄이 왔습니다. 아무리 날씨가 차가워도 봄이 온 것을 부인할 수 없습니다. 언 땅을 뚫고 돋아나는 새싹의 힘을 우리는 경이로운 마음으로 바라봅니다. 봄은 희망의 증거, 봄은 우리의 미래입니다. 봄은 모든 생명체를 다정하게 키웁니다. 봄을 사람에 비유하면 어린이이일 것입니다.

어린 시절에는 모든 것을 빨아들입니다. 그렇기에 그 시기는 참으로 중요합니다. 그때 배운 것들이 지식의 뼈대가 되고, 그 시기에 생각한 것들이 사고의 뼈대가 됩니다. 그 시기에 보고 들은 것들은 삶의 어려운 고비, 고비마다 현명한 판단을 할 수 있게 하고 삶의 방향을 올바르게 잡아 주기도 합니다. 그래서 어릴 때 읽은 책들은 평생을 두고 잊지 못하는 책이 됩니다.

그런 의미에서 이번에 발간하는 동화 『덕혜옹주』가 여러분의 기억 속에 오래도록 머무는 책이 되기를 바랍니다.

　여러분은 덕혜 옹주라는 분을 아시나요? 아마 많은 이들이 고개를 저을 것입니다. 어른들도 마찬가지로 덕혜 옹주를 모르는 분이 많습니다. 여러분 중에는 덕혜 옹주를 꼭 알아야 하느냐고 질문하는 사람도 있을 것입니다.
　물론, 역사 속의 많은 인물들을 다 기억할 수는 없겠지요. 하지만 우리나라의 주권을 일본에 빼앗긴 일제 강점기에 역사적 희생물이 되었던 사람이라면 관심을 가져 볼 만하지 않습니까? 그분이 고종 임금님께서 목숨보다 더 귀하게 아끼시던 옹주라면 더욱 그렇지 않을까요?
　덕혜 옹주는 대한 제국의 마지막 황녀입니다. 더없이 존엄하고 귀한 존재임에도 불구하고, 더없이 불우한 삶을 살아야 했던 비운의 옹주. 그럼에도 불구하고 많은 사람들의 기억 속에서 사라졌던 분입니다. 그분의 불우한 삶이 곧바로 불행한 대한 제국의 역사와 맞닿아 있다는 걸 생각하면 우리의 역사에 대해 조금 더 관심을 갖게 될 것입니다.
　기억하고 싶지 않은 역사의 한 부분이라도 우리는 되돌아보아야 합니다. 그리고 그 역사의 생채기를 보듬고 기억하면서 현실의 우리를 가다듬어 가야 합니다.

우리나라는 지금 많은 발전을 하였습니다. 그렇게 된 것은 우리의 조상들이 목숨을 다해 조국을 지켜 온 덕입니다. 역사는 저 홀로 흘러가는 것이 아니라 우리 모두와 운명을 같이합니다. 한 사람, 한 사람의 삶이 모여 역사가 됩니다. 그래서 역사를 아는 것이 중요합니다.

저는 잊혀 가는 덕혜 옹주를 되살려 냄으로써 왜곡되고 불편한 우리 역사의 한 시기를 바로잡는 기회가 되기를 바랐습니다. 그리하여 저 자신도, 여러분들도 잘 몰랐던 우리 역사의 한 부분을 조명하고자 하였습니다.

어렵고 힘든 시기를 버티어 낸 분 중에 덕혜 옹주가 있습니다. 덕혜 옹주는 어린아이를 닮은 봄의 시기에 조국을 떠나 일본 유학길에 오르게 됩니다. 모든 것에 민감하게 반응하고, 모든 것에 호기심을 느낄 시기에 마음조차 나눌 이 없는 낯선 땅으로 떠나게 됩니다. 여러분이라면 내 편이 없는 땅, 아무도 나를 이해해 주지 않는 땅에서 어떻게 그 시기를 이겨 냈을까요? 그런 생각을 곰곰이 하다 보면 덕혜 옹주의 삶을 이해하는 데 도움이 될 것입니다.

책을 읽는 어린이의 미래는 밝습니다. 책을 많이 읽는 어린이는 슬기롭습니다. 그런 여러분에게 덕혜 옹주가 다가갑니다. 대한 제국의 마지막 옹주였던, 비운의 삶을 힘겹게 겪어 오신 덕혜 옹주의 삶을 읽으면서 나라의 소중함을 깨닫기 바랍니다. 대한민국의 미래가 탄탄하기를 바랍니다.

생의 높은 파도를 힘겹게 넘어오신 덕혜 옹주가 마지막으로 남긴 글은 '대한민국 우리나라'입니다.

슬기롭게 자라나는 어린이들이 만드는 우리나라의 밝은 미래를 상상해 봅니다.

행복한 미소가 입가에 번집니다.

- 2010년 봄, 『덕혜옹주』 원작자 권비영

차례

추천의 글 ⋯4

1. 덕수궁의 꽃 ⋯11

2. 아비의 마음 ⋯21

3. 비밀 약혼 ⋯34

4. 지키지 못한 약속 ⋯46

5. 조선의 피가 흐르는 아이 ⋯62

6. 인연 …72

7. 그리운 조선이여, 안녕 …87

8. 조선의 황녀, 덕혜 …98

9. 깊은 슬픔의 늪 …111

10. 가슴 시린 시간들 …127

11. 정혜와 마사에 …141

12. 아, 사랑하는 나의 고국으로 …158

조선의 마지막 황녀, 덕혜 옹주의 생애 …174
연표 …179

일러두기____

• 이 글은 역사적 사실을 바탕으로 창작한 동화입니다.
• 내용 중 당시의 시대상과 제도, 덕혜 옹주의 삶에 대한 표현은 여러 기록을 바탕으로 하였음을 알려 드립니다.
• 특히 몇몇 인물에 대한 묘사나 일부 장면은 동화적 상상력을 바탕으로 재구성한 허구입니다.

1. 덕수궁의 꽃

고종은 허공에 손을 내저으며 신음 소리를 내듯 웅얼거렸다.
"누구요. 당신은 누구요?"
자욱한 안개 끝에 한 여인이 서 있었다. 고종은 손을 뻗어 보았지만 기이하게도 가까이 있는 것 같으면서도 손에 잡히지 않았다.
그 순간, 여인의 목소리가 안개를 헤치고 흘러나왔다. 여인의 목소리는 이 세상 사람의 것이 아닌 듯 신비롭고 그윽했다.
"폐하, 얼마나 마음이 아프십니까?"
"누구시오?"
"용안이 많이 상하셨사옵니다. 부디 수라를 거르지 마시고 옥체를 보존하시옵소서."

고종은 힘없는 목소리로 말했다.

"내 어찌 밥이 입안으로 들어가겠소. 나라를 잃게 만든 임금인데……. 죄 많은 내가 무슨 낯으로 백성들을 볼 수 있겠소."

"아닙니다. 폐하는 백성들의 영원한 아버지이시고 이 나라의 영원한 임금이시옵니다."

"그렇게 생각해 주니 고맙소."

"폐하께 드릴 게 있사옵니다. 자, 받으시옵소서."

"그게 무엇이오."

고종이 손을 내밀자 손안에 꽃 한 송이가 들어왔다. 눈부시게 찬란한 매화꽃이었다. 향 또한 은은하고 그윽했다.

"그런데 이 꽃을 왜 나에게……."

고종이 여인에게 말을 건네려는 순간, 눈앞의 여인은 사라지고 없었다.

"여보시오. 여보시오."

고종의 목소리가 메아리 되어 울려 퍼졌다. 사라진 여인의 자리엔 안개만이 자욱했다. 주변을 연신 돌아보는데 손안에 있던 꽃이 허공으로 떠올랐다. 고종은 손을 뻗어 꽃을 잡으려 했지만 꽃은 점점 멀어져 갔다.

"안 된다. 안 돼!"

고종은 스스로 내뱉은 말에 놀라 눈을 떴다.
"꿈이란 말인가······."
고종은 한숨을 내쉬며 턱수염을 쓸어내렸다.
"도대체 무슨 꿈이 이리도 생생한 것인가."
1910년 8월은 모두에게 잔인한 해로 기억되었다. 500년의 역사를 이어 온 조선 왕조를 일본에게 빼앗기는 침통한 수모를 겪은 그날 이후, 고종은 한순간도 편히 잠을 이룰 수 없었다. 일본에게 나라를 빼앗겼다는 죄책감과 수치심 때문에 매일 밤 악몽에 시달렸다. 그런데 오늘 밤 꿈은 여느 꿈과는 분명 달랐다.

몇 날 며칠이 지났지만 고종의 머릿속에는 꿈속의 여인이 준 꽃이 떠나지 않았다. 곁에서 임금을 모시는 시종이 소심스럽게 아뢰었다.
"폐하, 차를 다시 올리겠사옵니다."
간밤의 꿈 생각에 커피가 식어 가는 줄도 몰랐던 모양이었다.
"아니, 되었네."
고종은 차갑게 식은 커피 한 모금을 마셨다.
"도대체 그 매화가 뭐란 말인가."
고종은 혼잣말로 읊조리듯 말했다. 그 소리가 시종의 귀에 와 닿았는지 시종은 옅은 미소를 지었다.

"폐하, 만물이 추위에 떨고 있을 때, 꽃망울을 터뜨려 가장 먼저 봄을 알려 주는 꽃이 매화이옵니다. 필시 이 나라에 좋은 일이 생길 징조라 사료되옵니다."

"그렇게만 된다면 얼마나 좋겠는가."

고종의 입가에 희미한 웃음이 떠올랐다.

그날 오후 최 상궁이 총총걸음으로 덕수궁 함녕전으로 들어섰다. 최 상궁의 낯빛이 붉게 물든 것으로 보아 좋은 일이 분명했다.

"양 귀인께서 *회임을 하셨습니다."

최상궁이 시종에게 공손히 말했다.

"그게 정말이오?"

"예. 그렇사옵니다."

시종은 최 상궁을 뒤로하고 황급히 고종의 침소로 갔다. 아직 기침하지 않으셨는지 침소 안은 고요했다. 시종은 폐하께서 소식을 듣고 얼마나 기뻐하실까 생각하며 무례함을 무릅쓰고 조심스레 안으로 들어갔다.

으흠. 시종이 인기척을 하더니 조심스럽게 아뢰었다.

*회임 : 임신의 다른 말로 아이를 배는 것.

"폐하, 전할 말씀이 있사옵니다."

잠시 후, 고종의 잠긴 목소리가 들려왔다.

"……들라."

조심스럽게 걸음을 옮긴 시종은 무릎을 꿇고 엎드렸다.

"폐하, 경하 드리옵니다."

고종은 피로한 눈으로 잠시 시종을 바라보더니 허탈한 웃음을 내뱉었다.

"경하라니. 짐이 축하 받을 일이 뭐가 있겠는가?"

"양 귀인께서 회임을 하셨다 하옵니다."

전혀 예상하지 못한 뜻밖의 소식이었다. 고종의 입가에 실로 오랜만에 웃음이 번졌다.

'꿈속에서 여인이 건네준 그 꽃이 바로 아이였구나.'

나라를 잃고, 황제 자리에서 강제로 물러난 뒤로는 하루하루가 생지옥에 사는 것처럼 고통스러운 나날이었다. 양 귀인의 회임 소식은 고종에게 더할 나위 없는 기쁨이었다. 그러나 마냥 기뻐하기에는 눈앞의 현실이 너무도 가혹했다.

"폐하, 기쁘지 않으십니까?"

고종의 용안이 갑자기 어두워지는 것을 본 시종이 걱정스레 물었다.

"새 생명이 태어난다는 것은 그 무엇과도 바꿀 수 없는 기쁨이지만 이런 때에 아이가 태어나는 것을 마냥 기뻐할 수가 없구나."

 고종의 한숨 섞인 대답에 시종은 무어라 대꾸할 말이 생각나지 않았다. 몰락해 가는 왕조의 자손으로 태어나는 것, 그것은 나라의 운명과 함께 태어날 아이의 삶도 결코 평탄하지 않으리라는 것을 의미했다. 고종은 망연한 눈빛으로 창가를 바라보았다. 아이가 앞으로 살아갈 날들이 얼마나 고될까 생각하니 가슴이 미어졌다.

 오색찬란한 꽃들이 만개하고 꽃향기가 궁궐 전체에 진동하는 1912년의 5월, 이른 아침부터 시종이 고종의 침소에 나타났다.
 "무슨 일이냐?"
 시종은 허리를 숙인 채 뒤꿈치를 들고 조용조용 안으로 들어섰다.
 "곧 아기씨가 세상 밖으로 나올 것 같습니다."
 고종의 가슴이 미세하게 떨려 왔다. 이 설렘을 무엇으로 표현할 수 있을까. 마음 깊은 곳에서 이루 말할 수 없는 기쁨이 밀물처럼 밀려왔다.
 초조한 기다림 속에 오전 시간이 훌쩍 지나 버렸다. 고종은 붉게 상기된 얼굴로 함녕전 마당을 빙글빙글 맴돌았다.

"아직 소식이 없느냐? 가슴이 타는구나."

고종은 평소와는 다르게 안절부절못했다. 그때만큼은 한 나라의 임금이 아닌, 아이를 기다리는 평범한 아버지의 모습이었다. 고종은 고개를 내밀어 저 멀리 *산방 쪽을 바라보았다. 그리고 나지막한 목소리로 읊조렸다.

"하늘이시여, 부디 아무 탈 없이 건강하고 총명한 아이를 보내 주시옵소서."

그때였다. 바람 한 점이 고종의 코끝에 와 닿았다. 바람결에 꽃향기가 묻어났다. 고종은 지그시 눈을 감고 그 향기를 음미했다. 가슴 깊숙이 진한 꽃향기가 물들었다.

최 상궁이 가쁜 숨을 내쉬며 함녕전 쪽으로 허겁지겁 달려왔다.

"폐하, 경하 드리옵니다. 옹주 아기씨께서 태어나셨습니다."

고종은 *용포를 휘날리며 서둘러 산방으로 향했다. 아이를 보러 가는 길이 *지척인데도 아득하게 느껴졌다.

으앙으앙. 산방 안에서 아이의 울음소리가 우렁차게 울려 퍼

---

*산방 : 아이를 낳는 방.
*용포 : 임금이 입던 옷.
*지척 : 아주 가까운 거리.

졌다.

　고종은 떨리는 손으로 문을 열고 안으로 들어갔다. 방으로 들어서자 유모가 조심스레 아이를 안아 고종의 품에 건넸다. 환갑에 낳은 자식은 아버지를 꼭 닮는다더니 고종을 빼닮은 너른 이마가 환했다. 아이는 여리고 보드라운 볼이 발갛게 상기된 채 초롱초롱 빛나는 눈망울로 고종을 바라보았다.

　"내가 네 아비란다. 꿈속에서 봤던 꽃이 이제 내 품으로 왔구나."

　고종은 자기도 모르게 눈시울이 붉어졌다.

　1912년 5월 25일. 칠흑 같은 어둠이 온 세상을 뒤덮고 있을 때, 어둠을 뚫고 매화처럼 찬란하게 피어난 아이가 그렇게 왔다. 후궁의 몸에서 태어났기에 공주라 불리지 못하고 옹주라 불렸던 아이. 고귀한 탄생이었지만 언제 꽃잎처럼 떨어져 흩어질지 모르는 위태로운 운명을 타고난 아이. 그 아이가 바로 조선의 마지막 황녀, 덕혜 옹주였다.

2. 아비의 마음

옹주가 이름도 없이 *복녕당 아기씨로 불린 지 어느덧 다섯 해가 지났다. 임금의 딸로 태어났기에 이름을 받고 엄연히 옹주라 불리는 것이 당연한 일이었다. 하지만 망국의 왕족이 늘어나는 것을 일본은 달가워하지 않았다.

일본의 탄압은 날이 갈수록 한겨울 얼음장처럼 혹독하고 잔인해졌다. 살얼음 같은 현실과는 무관하게 시간은 흘러 궁궐 안에도 봄은 찾아왔다. 앞마당에 눈이 녹고 그 자리에 파릇파릇한 새싹이 돋아났다. 봄 아지랑이가 한들한들 피어올랐지만

*복녕당 : 고종이 옹주를 낳은 양 귀인에게 하사한 당호.

그렇다고 바람까지 봄은 아니었다. 봄은 여전히 겨울의 끝자락을 잡고 있었다.

고종은 문틈으로 들어온 바람이 차가운지 몸을 움츠렸다.

"날이 제법 차갑구나. 커피 한 잔 다오."

시종은 걱정스러운 눈빛으로 고종을 바라보았다.

"폐하, 수라는 안 드시고 커피만 찾으시면 옥체가 상하옵니다. 옥체를 생각하시어……."

으흠. 고종은 마른기침으로 시종의 말을 끊었다. 망국의 왕도 왕인지라 고종의 기침 소리에는 짐짓 위엄이 느껴졌다. 시종은 안타까운 마음을 품은 채 한 발짝 뒤로 물러났다.

"자네가 내 걱정을 한다는 걸 잘 아네. 허나, 이것에라도 의지하지 않고는 단 하루도 견딜 수가 없구나."

나라를 지키지 못한 임금이라는 자책감으로 괴로울 때마다 고종은 커피를 찾았다. 주변에 충직한 신하들의 발걸음이 끊긴 지도 오래였다. 괴롭고 외로운 마음을 잠시라도 달래 주는 건 속을 알 수 없는 검은 빛깔의 커피뿐이었다.

"우리 아기가 유치원 수업을 마칠 때가 되지 않았느냐?"

쓸쓸함이 묻어나던 고종의 얼굴에 잔잔한 미소가 번졌다.

"끝날 시간이 거의 다 되었사옵니다."

"자, 슬슬 준명당으로 가 보자꾸나."

옹주에 대한 고종의 사랑은 지극했다. 고종은 *침전 옆에 옹주가 지낼 곳을 마련해 항상 가까이서 옹주를 지켜보았다. 위로 있던 딸 셋을 앞서 보내고 육십의 나이에 얻은 귀한 딸이기에 줄 수 있는 것이라면 무엇이든 주고 싶어 했다. 준명당에 유치원을 만든 것 또한 옹주를 가까이 두고픈 아비의 애타는 마음이 담겨 있었다.

유치원 문틈 사이로 아이들의 해맑은 노랫소리가 새어 나왔다. 고종은 발걸음을 멈추고 그 자리에 서서 지그시 눈을 감았다. 현실의 아픔이나 고달픔이라곤 찾아볼 수 없는 아름답고 평화로운 소리였다.

"폐하, 옹주마마를 모시고 나올까요?"

고종은 고개를 내저으며 소리를 낮추어 말했다.

"아니다. 아이들의 노랫소리가 참 듣기 좋구나. 수업이 마칠 때까지 기다리겠노라."

아이들의 노랫소리에 흐뭇한 미소를 지으며 고종은 한참을 문밖에 서 있었다. 이 순간만큼은 어린 자식을 둔 다른 어버이의 마음과 다를 바가 없었다.

수업이 끝나고 아이들이 하나 둘 밖으로 나왔다. 밖으로 나오다 고종을 발견한 옹주의 입가에 스르르 웃음이 번졌다.

*침전 : 임금이 잠을 자던 궁궐.

"아바마마."

"우리 아기. 이리 온."

옹주가 고종의 품속을 파고들었다. 고종의 얼굴에 웃음꽃이 활짝 피었다. 옹주마저 없었다면 서러운 세월을 어떻게 견디며 살았을까 생각하니 어린것이 더없이 사랑스러워 보였다.

"아가, 오늘은 유치원에서 무엇을 배웠는고?"

고종의 물음에 옹주는 또랑또랑한 목소리로 대답했다.

"오늘은 작문을 배웠습니다."

"작문이라?"

"예. 제가 시도 지었어요."

"정녕 네가 시를 지었단 말이냐? 이제 다 컸구나."

고종은 사랑스러운 표정으로 옹주를 바라보았다.

"기특한 일을 하였으니 상을 줘야겠구나. 그래, 무슨 상을 주련?"

"음……. 아바마마, 업어 주시어요."

옆에 있던 시종이 황망한 마음에 옹주를 달랬다.

"마마, 그러시면 아니 되옵니다. 어찌 폐하께 그런 말씀을……."

고종이 껄껄 웃으며 손을 내저었다.

"아니다. 아니다. 옹주가 아비의 등이 그립다는데 내 당연히 업어 줘야지."

고종은 아무런 망설임도 없이 옹주에게 등을 내밀었다.

"폐하……."

시종은 민망한 마음을 감추지 못하고 고종에게 다가섰다.

"아무렇지도 않으니 물러 서라."

옹주가 해맑은 얼굴로 고종의 등에 업혔다.

"아바마마, 감사하옵니다."

"감사라니. 아비가 자식을 업는 게 당연하거늘 뭐가 감사하단 말이냐."

옹주는 고사리 같은 손으로 고종의 목을 꼭 부여잡았다.

"그래. 꼭 잡아라. 아비를 절대로 놓아서는 안 되느니라. 알겠느냐."

"예. 아바마마."

그렇게 한참 동안 고종은 옹주를 업어 주었다.

부녀의 모습을 가만히 바라보던 시종이 고종에게 다가와 조심스레 아뢰었다.

"폐하, 데라우치 총독이 올 시간이 되었습니다."

"벌써 그렇게 되었느냐. 내 시간 가는 줄을 몰랐구나."

고종은 고개를 돌려 등 뒤에 있는 옹주를 사랑스러운 눈빛으로 바라보았다.

"다음에 또 업어 줄 테니 오늘은 이만하자꾸나."

"예. 아바마마."

"옹주를 데리고 연회장으로 먼저 가 있어라. 연회 준비는 철저히 해야 할 것이다."

"예. 폐하."

시종은 옹주를 데리고 연회장으로 걸음을 옮겼다. 준명당 대청에 홀로 남은 고종은 하늘을 올려다보았다. 오늘따라 하늘은 눈이 시리도록 파란빛을 띠었다. 고종은 이내 고개를 떨어뜨리더니 아랫입술을 지그시 깨물었다.

'더 이상은 미룰 수 없다. 오늘은 기필코 총독에게 내 마음을 전해야 한다.'

오래지 않아 일본 제복을 입은 데라우치 총독이 준명당 쪽으로 걸어오는 게 보였다.

고종이 먼저 총독에게 인사를 건넸다.

"어서 오시오, 총독."

"예, 폐하. 그런데 어인 일로 저를 부르셨습니까?"

총독은 겉으로는 아무렇지 않은 척 예의를 갖추었지만 속으로는 고종에 대한 경계를 늦추지 않았다.

"꼭 일이 있어야 합니까? 그저 아이들의 재롱이나 함께 보려고 초대한 것입니다. 어서 연회장으로 가십시다."

고종은 총독을 연회장으로 안내했다. 연회장에는 귀한 손님을 대접할 때나 내놓을 법한 음식이 한 상 가득 차려져 있었다. 한쪽에는 알록달록 색동옷을 입은 아이들이 무리 지어 있었다. 그 속에 옹주의 모습도 보였다.

자리에 앉자마자 고종이 총독에게 술을 권했다.

"자, 데라우치 총독. 우선 내 술 한 잔 받으시오."

"예, 폐하."

고종이 먼저 술잔을 단숨에 비우고 총독에게 다시 술을 권했다.

"총독을 위해 특별히 준비한 귀한 술입니다. 술맛이 어떻습니까?"

"좋습니다, 폐하."

"술만 먹기에는 좀 심심하니 우리 아이들의 재롱이나 한번 봅시다. 자, 시작하라."

연회장에 풍금 소리가 울려 퍼지고 색동옷을 입은 아이들이 방긋방긋 웃으며 꼭두각시 춤을 추기 시작했다.

아이들의 깜찍한 춤사위에 연회장에 모인 사람들은 웃음을 터뜨렸다. 고종은 아이들의 재롱을 즐기는 듯하다가도 중간중간 곁눈질로 총독의 얼굴을 유심히 살폈다. 예상과 달리 총독은 그리 밝은 표정이 아니었다. 무엇인가를 깊이 생각하는 듯했다.

"총독, 아이들이 제법 춤을 잘 추지 않소?"

"예, 폐하."

총독은 마지못해 대답하고는 단숨에 술잔을 비웠다.

아이들의 꼭두각시 춤이 끝나고 고종은 옹주를 바라보았다.

"우리 아가, 이번에는 네가 노래 한 곡 하려무나."

"예, 아바마마."

옹주가 사뿐사뿐 나비 같은 발걸음으로 앞으로 걸어 나왔다. 잠시 망설이는가 싶더니 이내 맑은 목소리로 일본 동요를 부르기 시작했다.

연거푸 마신 술에 취기가 오른 데다 귀에 익은 노래라 그런지 굳어 있던 총독의 얼굴이 조금씩 부드러워지기 시작했다. 총독은 어느새 자신도 모르게 옹주가 부르는 노래를 따라서 흥얼거리고 있었다. 고종은 그 순간을 놓치지 않았다.

"총독, 내 딸의 노래 솜씨가 어떻습니까?"

"옹주마마께서 참 귀엽고 영특하신 것 같습니다."

고종이 얼른 그 말을 받았다.

"허허허. 그렇지요? 총독도 딸이 있다고 하던데 참 어여쁘다고 들었습니다."

"예? 아, 아닙니다."

갑작스러운 자식 이야기에 당황했는지 총독의 얼굴이 붉어졌다.

고종이 오늘 데라우치 총독을 초대한 이유는 그저 술이나 나눠 마시려는 요량이 아니었다. 옹주는 다섯 해가 지나도록 일본 측으로부터 왕족으로 인정받지 못한 상태였다. 고종은 하루라도 빨리 옹주를 왕족에 올리고 옹주에게 이름을 주고 싶었다.

 고종은 몇 해 전, 엄비 사이에서 태어난 *영친왕이 유학이라는 명분을 내세운 일제에 의해 강제로 일본으로 떠난 일을 한순간도 잊지 않고 있었다. 말이 유학이지 인질로 붙들려 간 것이나 다름없었다. 조선 왕족의 씨를 말리려는 일본의 치밀한 계략 앞에 고종은 치를 떨었다.

 고종은 옹주도 그렇게 될까 두려웠다. 눈에 넣어도 아프지 않을 딸이었다. 그리 쉬이 빼앗길 수 없는 귀하디귀한 자식이었다.

 고종은 옹주에 대한 자신의 사랑이 얼마나 애틋한 것인지 분명히 해야겠다고 마음먹었다. 술기운이 오른 고종은 자리에서 일어나 용포를 휘날리며 덩실덩실 춤을 추기 시작했다. 옆자리에 있던 총독이 깜짝 놀라며 자리에서 엉거주춤 일어섰다. 자리에 함께 있던 신하들은 차마 고종을 똑바로 쳐다보지 못하고 고개를 돌렸다.

*영친왕 : 대한 제국의 마지막 황태자로 이름은 은이다. 이토 히로부미에 의해 강제로 일본으로 끌려가 일본 황족과 정략 결혼을 하였다.

"아이들의 재롱을 보니 참으로 기분이 좋소. 안 그러오? 총독."

한 나라의 임금이 아랫사람 앞에서 춤을 춘다는 것은 있을 수 없는 일이었다. 하지만 고종은 옹주를 지킬 수만 있다면 더 한 것도 할 수 있으리라 생각했다.

고종은 쓰러지듯 자리에 앉더니 총독에게 다시 술을 권했다.

"총독, 이 늙은이는 어린 옹주가 커 가는 걸 보는 게 유일한 낙이라오. 늙은이의 마음을 잘 헤아려 주시오. 그런데 말이오. 옹주가 황족임에 틀림이 없거늘 왜 *입적을 차일피일 미루는 것이오?"

'나를 부른 이유가 이것 때문이었구나.'

총독은 고종의 말에 입을 꽉 다문 채 아무런 대답이 없었다. 자리가 불편한지 으음, 으음, 마른기침을 몇 차례 하더니 총독은 이내 자리에서 일어났다.

"저는 이만 가 보겠습니다."

"총독, 벌써 가시렵니까? 즐겁지 않소?"

"아닙니다. 일이 좀 있어서……."

총독의 표정에는 언짢고 복잡한 심경이 그대로 드러났다. 고종의 만류에도 불구하고 총독은 형식적으로 가볍게 목만 숙여

*입적 : 태어난 아이를 호적에 올리는 일

인사를 하고 황급히 그 자리를 떠났다.

  고종은 긴 한숨을 내쉬며 총독의 뒷모습을 바라보았다.

  '이렇게까지 했는데 옹주를 함부로 대하진 않겠지.'

  고종은 걱정스러운 눈빛을 거두고 동무들과 어울려 해맑게 웃고 있는 옹주를 바라보았다.

  '아가, 내가 널 지켜 줄 것이다. 이 아비가 죽는 한이 있어도 너만은 지킬 것이다.'

  이런 고종의 마음을 읽었는지 옹주가 해맑은 미소를 지으며 다가왔다.

  "아바마마."

  "그래, 사랑스러운 내 아가."

  고종은 옹주를 품에 안았다. 따스한 온기가 가슴으로 전해져 왔다. 꽃같이 아름다운 이 아이를 꼭 내 손으로 지키리라 생각하다가 불현듯 일본으로 끌려간 영친왕이 떠올랐다. 고종은 고개를 내저으며 생각을 떨쳐 버리려 했지만 왠지 모를 불안감이 온몸을 휘감았다.

  '안 돼. 옹주마저 보낼 수 없어.'

  고종은 부르르 떨리는 손으로 옹주를 더욱 세게 끌어안았다. 누구에게도 보내지 않으려는 듯 고종은 오래도록 옹주를 품 밖으로 내보내지 않았다.

3. 비밀 약혼

　시간이 흘러 궁궐 안에도 봄은 찾아왔다. 부용정 주변의 연못에는 흐드러지게 핀 연꽃이 가득했다. 서로 몸을 비비며 헤엄치는 잉어 떼들이 한가로움을 더했다.
　고종은 연못 아래를 물끄러미 들여다보며 마음속 이야기를 물속으로 던졌다.
　"꽃이든 물고기든 나고 자란 곳에서 살아야지. 저 꽃들이, 물고기들이 연못을 떠나서 어찌 살 수 있을꼬. 아암. 우리 옹주도 여기, 조선 땅에서 살아야지."
　고종은 눈만 뜨면 그저 옹주 생각뿐이었다.
　그때, 시종이 숨을 헐떡거리며 고종에게 달려왔다. 평소 점잖고 예를 중시하는 사람이 저리 뛰는 걸로 봐서는 큰일이 난 게 분명했다. 고종은 불안한 마음을 감추지 못했다.

"왜 이러느냐? 무슨 변고라도 생겼느냐?"

시종은 가쁜 숨을 내쉬며 다급히 아뢰었다.

"폐하, 지금 궁 안에 옹주마마에 대한 소문이 나돌고 있습니다."

"소문이라니? 자세히 말해 보아라."

시종은 말하기가 곤란한지 잠시 머뭇거렸다.

"어서 말하라."

시종의 어두운 표정으로 보아 예사롭지 않은 일임을 짐작할 수 있었다.

"옹주마마께서 머지않아 일본으로 유학을 가실 거라는 말이 떠돌고 있습니다."

"뭐라!"

고종은 놀란 마음을 감추지 못했다. 놀란 마음은 곧 분노로 이어졌다. 고종의 얼굴이 노여움으로 붉게 물들었다.

"지금 옹주가 버젓이 내 옆에 있거늘 누가 그런 말도 안 되는 소리를 한단 말인가!"

시종은 안타까운 표정으로 목소리를 낮추어 말했다.

"아마도 데라우치 총독 쪽에서 일부러 소문을 흘린 것 같습니다. 옹주께서 일본으로 가시는 걸 당연한 일처럼 여기게 할 의도로 보입니다. 이미 궁궐 사람들은 그렇게 알고 있사옵니다."

고종은 망연한 눈빛으로 허공을 바라보았다.

"허허. 이 일을 어찌할꼬. 어찌 총독은 자식을 사랑하는 부모의 마음조차 저버린단 말인가. 비정하고 괘씸한……."

고종은 가슴 깊은 곳에서 불덩어리가 치솟는 것을 느꼈다.

"내가 죽는 한이 있더라도 옹주는 빼앗길 수 없다! 그들의 뜻대로 되게 그냥 두지 않을 것이다!"

"폐하, 괜찮으시옵니까? *용안 빛이 좋지 않사옵니다."

"……괘, 괜찮다. 괜찮다."

고종은 눈을 감고 깊은 생각에 잠겼다. 한참이 지난 후, 고종은 눈썹을 파르르 떨며 눈을 떴다. 실타래처럼 복잡하게 엉켜 있던 생각들이 하나로 모아졌다.

"더 이상 늦출 수 없네. 그 일을 지금 진행해야겠어."

시종은 고종의 의중을 선뜻 알아차리지 못했다.

"폐하, 어인 말씀이십니까?"

고종은 위엄 있는 목소리로 명했다.

"그 아이를 데려오너라."

*용안 : 임금의 얼굴을 높여 이르는 말.

"그 아이라니, 누구를 말씀하시는지…….."

"옹주의 배필로 생각하고 있는 아이 말이다."

그제야 시종은 고개를 끄덕이더니 차분한 어조로 대답했다.

"분부 받들겠나이다."

"이제 믿을 사람은 자네 밖에 없네. 누구도 눈치채지 못하게 일을 은밀히 진행해야 할 것이다. 알겠느냐?"

"명심, 또 명심하겠습니다."

고종은 빠른 시일 내에 옹주의 혼례를 진행할 계획이었다. 옹주의 나이, 이제 겨우 예닐곱밖에 되지 않았는데 이토록 혼례를 서두르는 이유는 한 가지 뿐이었다. 일본이 먼저 옹주를 데려가기 전에 무슨 일이든 해야만 했다.

고종은 이미 일본의 삼엄한 감시 때문에 손과 발이 묶인 상태였다. 그러기에 고종이 믿을 사람은 바로 옆에서 자신의 수족이 되어 주는 시종밖에 없었다. 시종은 일본의 앞잡이들로 가득한 궁 안에서 고종이 마음을 터놓고 지낼 수 있는 유일한 사람이었다. 하지만 시종에게는 자식이 없기에 조카들 중에서 옹주의 배필로 삼아도 될 만한 소년을 미리 정해 놓은 터였다. 고종은 적당한 시기에 맞추어 결혼 발표를 하면 일본이 옹주를 강제로 끌고 가지 못할 거라 생각했다.

다음 날 아침, 시종은 아무도 모르게 한 소년을 데리고 궁궐 안으로 들어왔다. 시종을 뒤따르는 소년의 눈에는 두려움이 가득했다.

"큰아버님, 여기가 어디입니까?"

"고종 폐하께서 머물고 계시는 곳이다."

"네? 정말이세요?"

긴장한 탓인지 궁궐 안으로 발걸음을 옮길 때마다 소년의 두 다리가 덜덜 떨려왔다.

"제가 이런 곳에 오게 될지 꿈에도 생각지 못했습니다."

시종은 소년의 말을 끊고 단호한 말투로 말했다.

"지체할 시간이 없다. 어서 따라오너라."

소년은 시종을 놓칠세라 그림자처럼 그의 뒤를 따랐다. 생각이 꼬리에 꼬리를 물고 이어졌다. 도대체 어떤 분을 만나기에 어머니는 새로 비단옷까지 장만하여 내주신 걸까. 어찌하여 자신이 임금이 계신 궁궐까지 오게 된 것일까. 소년은 이런저런 생각을 하느라 걸음이 느려졌다.

앞서 가던 시종이 가던 길을 멈추더니 소년에게 가까이 다가와 은밀하게 속삭였다.

"서둘러라. 지금 폐하께서 널 기다리고 계신다."

"예? 폐하께서요?"

소년은 놀란 눈으로 되물었다. 시종은 재빨리 손으로 소년의 입을 막았다.

"쉿! 궁궐 안은 듣는 귀가 많은 곳이다. 항상 말을 조심해야 한다."

소년은 입을 꼭 다문 채 고개를 끄덕였다.

묵묵히 시종을 뒤따르던 소년의 시선이 어느 순간 자석에 이끌리듯 한 곳으로 향했다. 소년의 시선이 멈춘 곳에는 한 송이 꽃처럼 어여쁜 한 소녀가 있었다. 가슴속에서 무언가 뜨거운 것이 차올랐다. 가슴이 누가 들을까 겁이 날 정도로 쿵쿵거렸다.

옹주를 본 시종이 몸을 낮춰 인사를 건넸다. 시종의 행동을 보고 소년도 몸을 낮췄다.

"마마, 볕을 쐬러 나오셨습니까?"

"예."

소년은 고개를 살짝 들어 옹주를 올려다보았다. 순간, 눈이 부셨다. 잎사귀 무성한 나뭇가지 사이로 비치는 여름 햇살처럼 옹주의 첫인상은 강렬했다. 소년은 얼른 고개를 숙였다. 감히 바라볼 수 있는 상대가 아니라는 걸 직감했다.

옹주는 부끄러워하는 얼굴빛이 역력한 소년을 보더니 호기심 가득한 말투로 시종에게 물었다.

"이 아이는 누구예요?"

"제 조카이옵니다."

시종은 소년에게 눈짓을 했다. 소년은 콩닥거리는 가슴을 진정시키며 떨리는 목소리로 말했다.

"예. 저, 저는 김장한이라고 하옵니다."

옹주는 떨고 있는 소년을 보며 빙그레 웃음을 지었다.

소년은 옹주를 본 순간부터 호흡이 가빠지고 이상스레 가슴이 뛰었다. 이처럼 고운 이가 또 있을까 생각하며 소년은 영문도 모른 채 속절없이 뛰는 제 가슴만 탓했다.

"마마, 그럼 저희는 이만 가 보겠습니다."

소년은 아쉬운 감정을 뒤로하고 소녀와 헤어졌다. 시종의 재촉에 소년은 시종을 따라 고종이 거처하는 함녕전으로 서둘러 발걸음을 옮겼다. 단 한 번 스치듯 보았을 뿐인데 옹주의 얼굴이 자꾸만 눈앞에서 어른거렸다.

시종은 소년을 고종 앞에 세웠다. 소년은 두려움에 벌벌 떨었다. 눈앞이 아득하고 당장이라도 숨이 넘어갈 듯 했다.

"폐하, 이 아이옵니다."

"그래, 이리 가까이 오라."

고종은 소년의 얼굴 생김새를 찬찬히 살펴보았다. 아직 어린 나이인데도 얼굴에 강직함이 묻어 있었다. 고종은 어린아이답

지 않은 소년의 깊은 눈을 보고는 이내 고개를 끄덕이며 말했다.

"네 이야기를 많이 들었다. 총명하고 바른 아이라지?"

소년은 고개를 조아렸다.

"황공하옵니다."

단정한 목소리가 믿음직스러웠다.

"네가 왜 여기에 왔는지 아느냐?"

소년은 고개를 들어 시종을 한 번 쳐다보더니 망설임 끝에 입을 열었다.

"전 그저 큰아버지를 따라……."

고종은 소년에게 다가와 어깨 위에 손을 올렸다. 소년은 황송한 나머지 어쩔 줄 몰라 했다.

"내 너를 옹주의 배필로 삼을 생각이다."

그 말을 듣는 순간, 소년의 얼굴이 하얗게 변했다. 잘못 들은 건 아닌가 하고 자신의 귀를 의심했다.

"너와 옹주가 혼례를 올릴 것이다. 무슨 말인지 알겠느냐?"

"폐하, 저는……."

소년은 가슴이 떨려 말도 제대로 나오지 않았다.

"왜, 싫은 것이냐? 네 얼굴빛이 썩 좋지 않구나."

"그게 아니오라 꿈에서조차 생각할 수 없는 일이라……."

대답을 하면서도 소년은 도저히 믿을 수 없었다. 옹주와 혼례를 한다는 건 고종 폐하의 사위가 된다는 뜻이기도 했다.

가까스로 정신을 차린 소년은 고종에게 아뢰었다.

"소인에게는 너무 과분한 처사이옵니다. 어찌 제가 옹주마마의 배필이 될 수 있겠사옵니까?"

"내 오늘 처음 너를 보았지만 너의 눈빛에서 강한 믿음을 느꼈다. 너라면 우리 옹주를 지켜 줄 수 있을 것 같구나."

잠시 옆으로 물러나 있던 시종이 소년을 향해 말했다.

"좀 전에 뵈었던 분이 바로 옹주마마이시다."

'방금 전 그 아이가 옹주마마라고?'

꽃처럼 말간 얼굴과 강렬했던 눈빛을 떠올린 소년은 고종 앞에 무릎을 꿇고 엎드렸다.

"폐하. 마음을 다해 옹주마마를 지켜 드리겠습니다."

고종은 이제야 한시름을 놓았다는 듯 짧게 한숨을 내쉬었다. 그리고 소년의 투박한 손을 꼭 붙잡았다.

"고맙구나."

그날 밤, 고종은 오랜만에 흡족한 마음으로 편히 잠을 이룰 수 있었다.

다음 날, 고종은 눈을 뜨자마자 시종을 찾았다. 하루도 지체

할 시간이 없었다. 일본이 옹주를 강제로 끌고 가기 전에 하루라도 빨리 모든 일을 마쳐야 했다.

"여봐라, 시종은 어디에 있느냐?"

그러나 시종의 모습은 어디에도 보이지 않았다. 한시도 왕의 곁을 떠난 적이 없는 충직한 신하였다. 고종은 무엇인가 크게 잘못되었음을 직감했다.

"폐하, 인사 드리옵니다."

간교한 웃음을 지으며 나타난 자는 조선을 배신하고 일본의 편에 선 한상학이었다. 친일파인 한상학이 나타났다는 건 비밀리에 추진하려 했던 계획이 모두 무산되었다는 것을 의미했다.

"네 놈이 결국……."

분노와 배신감으로 고종의 수염이 부르르 떨렸다.

"폐하, 이제부터 제가 폐하를 모시게 되었습니다."

한상학은 야비한 미소를 지어 보였다.

고종은 끓어오르는 분노를 삭이지 못했다.

'그렇게 조심했건만 이제 궁궐 안에 믿을 자는 아무도 없단 말인가.'

은밀히 진행하려 했던 옹주의 혼례 문제는 일본 측에 발각되는 바람에 결국 수포로 돌아갔다. 시종은 그날 이후로 어디에서도 모습을 볼 수 없었다.

"폐하, 노여움을 푸시옵소서."

"이놈! 당장 내 눈앞에서 사라져라! 혼자 지내는 한이 있어도 네게 몸을 기대는 일은 없을 것이다!"

고종의 서슬 퍼런 호통에도 한상학은 눈 하나 깜짝이지 않았다.

"폐하, 저는 그저 위에서 시키는 대로 따를 뿐이옵니다."

"썩 나가지 못할까!"

고종은 가장 가까이에 있던 충신을 잃었다는 생각에 허탈함을 감출 수 없었다. 분노와 배신감으로 치를 떨던 고종의 뺨에 한 줄기 눈물이 흘러내렸다. 흘러내린 눈물은 가시가 되어 온몸을 찌르는 듯했다.

앞으로 어찌해야 한단 말인가. 고종은 폭풍우에 힘없이 넘어지는 나무처럼 쓰러지고 말았다.

4. 지키지 못한 약속

"아가, 먹어 보렴."

고종은 옹주가 좋아하는 약과를 내밀었다. 옹주는 입을 크게 벌려 한입 가득 약과를 베어 물었다. 입안 가득 단내가 돌았다.

"우리 아기, 잘도 먹는구나."

"아바마마께서 주시는 거라 더 맛있사옵니다. 아바마마도 드시어요."

옹주는 접시 위에 놓여 있는 약과 하나를 집어 고종에게 내밀었다.

고종이 손을 내밀어 과자를 집으려 하자, 옹주가 귀여운 표정을 지으며 고개를 저었다.

"제가 직접 아바마마께 먹여 드릴 것이옵니다. 아, 하세요."
"나는 네가 먹는 것만 보아도 배가 부르구나."
그 말에 옹주는 천진난만한 표정을 지었다.
"아바마마, 정말이옵니까? 제가 과자를 먹었는데 정말 아바마마의 배가 부르옵니까?"
"그렇고말고. 이 세상 모든 어버이는 다 그러할 것이다."
고종은 옹주의 손을 잡더니 다정한 눈빛으로 바라보았다.
"아가, 너는 커서 뭐가 되고 싶으냐?"
옹주는 이미 오래전부터 생각해 둔 것처럼 망설임 없이 답했다.
"선생님이 되고 싶습니다."
"선생님이라……. 왜 선생님이 되고 싶은 것이냐?"
"글을 모르는 백성들에게 글을 가르쳐 그들이 잘 살 수 있도록 할 것이옵니다."
"어린 줄만 알았는데 기특한 생각을 다 하는구나."
고종은 겉으로 흐뭇한 표정을 지었으나 가슴속 한편이 저릿저릿 아려 왔다. 옹주가 자라면서 원하는 것을 다 이루며 살 수 있을지, 서러운 세월을 어떻게 견디며 살아갈지 걱정이 되었다. 일본에게 모든 것을 빼앗기고 허울만 남은 조선을 옹주에게 물려주어야 한다는 게 더없이 미안하고 안타까울 뿐이었다.

"아가, 밤이 많이 깊었구나. 이제 가 자려무나."
"예, 아바마마."
옹주는 예를 갖춰 고종에게 절을 올렸다.
"아바마마, 편히 주무세요."
"그래. 내일 또 보자꾸나."
사락사락 소리를 내며 걸어가는 옹주의 뒷모습을 고종은 한참 동안이나 바라보았다.
'내 너를 언제까지나 지켜 줘야 할 텐데.'
조금 전까지 함께 있었지만 금세 옹주가 그리웠다.
'옹주야.'
고종은 차마 소리 내어 부르지 못하고 가슴속으로 옹주를 불렀다. 한 번쯤 돌이볼 법도 한데 옹주는 뒤돌아보지 않고 점점 멀어져 갔다.

옹주는 간밤에 꿈을 꾸었다.
꿈속의 궁궐은 평온하고 아늑했다. 저 멀리 숲 속에서 지저귀는 새소리가 귓가에 울리고 마당 구석구석에 내려앉은 햇살은 아물아물 아지랑이를 피워 올렸다.
"옹주야, 이리 오너라."
옹주는 고종이 내민 손을 잡고 구름길을 걷듯 사뿐사뿐 창덕궁 길을 따라 걸었다. 조금 걷다 보니 어느덧 부용정까지 오게 되었다.

"아바마마, 저기 잉어가 있어요."

"그렇구나. 어디 볼까?"

둘은 연못 가까이 다가가 연못 안을 들여다보았다. 방금 전까지 있었던 잉어는 온데간데없고 물 위로 어른어른 고종과 옹주의 얼굴이 비쳤다. 고종은 언제나처럼 다정한 모습으로 옹주를 사랑스럽게 바라보았다.

그런데 이상한 일이었다. 갑자기 물 위에 떠 있던 고종의 얼굴이 서서히 지워지는 것이었다. 옹주는 고개를 들어 고종이 있던 자리를 살폈다. 어느새 고종은 흔적도 없이 사라지고 옹주만이 그 자리에 남았다.

"아바마마, 아바마마."

옹주는 주위를 두리번거렸다. 어디에서도 고종의 모습은 찾아볼 수 없었다.

"아바마마, 아바마마."

옹주는 슬피 울면서 고종을 애타게 불렀다. 눈을 뜬 옹주의 베개가 축축이 젖어 있었다. 꿈에서도 생각조차 하기 싫은 일이었다. 세상에서 가장 사랑하는 아버지가 사라지다니. 그러나 꿈이라고 하기에는 너무도 생생하여 옹주는 왠지 마음이 심란했다.

"마마, 꿈을 꾸셨습니까?"

옹주 곁을 지키고 있던 유모가 나지막한 목소리로 말했다.

"응. 정말 이상한 꿈이었어. 아바마마와 함께 연못에 있는 잉어를 구경했는데 나만 홀로 남겨 두고 어디론가 사라지셨어. 아바마마가 그럴 분이 아니신데."

유모는 옹주의 말에 차마 답을 하지 못하고 참았던 눈물을 쏟아냈다.

"마마, 이 일을 어이하면······."

유모는 소매 끝으로 눈물을 훔쳤다. 옹주는 뭔가 불길한 예감이 들었다. 꿈속에서 아바마마께서 모습을 감춘 것도 그렇고 갑자기 유모가 눈물을 보인 것도 예사롭지 않았다.

"마마. 고종 황제께서, 황제께서······ *승하하셨사옵니다."

옹주는 유모의 말을 믿을 수 없었다. 어젯밤만 하더라도 옹주와 함께 다정히 담소를 나누었는데, 어루만지고 쓰다듬어 주시던 손길이 그대로 남아 있는데 갑자기 승하하시다니 있을 수 없는 일이었다. 옹주의 동그란 눈에 그렁그렁 눈물이 맺혔다.

"그게 무슨 소리냐! 아니야, 아니야. 내가 잘못 들었어. 유모, 대체 무슨 말을 하는 것이야."

＊승하 : 임금이나 존귀한 사람이 세상을 떠남.

"마마……."

유모는 차마 다음 말을 잇지 못했다.

옹주는 하늘이 무너지는 것만 같았다. 생각조차 하기 싫은 끔찍한 현실을 쉽게 받아들일 수가 없었다.

"내 눈으로 직접 확인해야겠어."

옹주는 자리에서 일어나 서너 걸음도 못 떼고 그 자리에 주저앉고 말았다.

"아바마마, 아바마마."

옹주는 끝도 없는 깊은 슬픔 속으로 떨어지는 것 같았다. 주체할 수 없는 슬픔에 쓰러져 흐느끼던 옹주가 갑자기 자리에서 일어나 입을 앙다물었다.

"일본의 짓이다. 그들이 아바마마를 죽였어."

"마마, 그런 말씀 하시면 아니 되옵니다."

유모는 누가 들을까 황급히 옹주의 말을 가로막았다.

"유모도 내가 어젯밤 늦게까지 아바마마랑 같이 있었다는 걸 잘 알잖아? 그런데 어떻게 갑자기 승하하실 수 있단 말이냐!"

유모는 주위를 살피더니 잦아드는 목소리로 말을 이었다.

"마마의 말씀이 다 옳습니다. 허나 자칫 말씀을 잘못하시면 마마까지 변을 당할지 모릅니다. 지금은 조용히 계셔야 하옵니다."

"도대체 그게 무슨 말이냐! 아바마마께서 돌아가셨다는데 조용히 있으라니! 그게 말이 되는 소리더냐!"

"마마, 참으셔야 합니다. 그러면 아니 되옵니다."

"내가 가서 직접 확인할 것이야."

옹주는 자리에서 일어나려 했지만 허리를 채 세우기도 전에 그만 모로 쓰러지고 말았다.

"마마, 정신 차리소서."

슬픔을 이기지 못하고 쓰러진 옹주는 쉽게 깨어나지 않았다. 온몸이 불덩이처럼 뜨거웠고 숨소리는 너무나 가늘어 금방이라도 툭 하고 끊어질 것만 같았다.

1919년 1월 21일, 고종이 승하했다는 소식이 전해지자 조문하려는 이들의 행렬이 끝없이 이어졌다. 일본으로 끌려갔던 영친왕도 하늘이 무너지는 슬픈 소식을 듣고 급히 귀국했다. 대하문 밖에서 백성들의 울음소리가 끊이지 않았다.

"세상에 이런 일이 있나. 분명 일본 놈들의 짓이야."

"일본 놈도 일본 놈이지만 나라가 어찌 되건 제 잇속부터 챙기는 친일파 놈들이 더 나빠. 천벌을 받을 놈들."

"한상학, 윤덕영 두 역적이 궁녀를 시켜 밤참에 독약을 탄 게 분명해."

궁궐뿐 아니라 백성들 사이에서도 고종이 독살되었다는 소문이 파다하게 퍼져 나갔다. 하지만 일본 측에서는 뻔뻔하게도 고종이 뇌출혈로 승하했다고 발표했다. 고종의 갑작스러운 승하 소식은 백성들에게 슬픔을 넘어 일본에 대한 분노와 적개심까지 불러일으켰다. 일본은 이 일이 시발이 되어 독립운동이 확산되지 않을까 우려했다.

 국장은 일본의 철저한 감시와 통제 속에서 이뤄졌다. 고종의 장례는 역대 조선 임금들의 장례식 가운데 가장 초라하게 치러졌다. 장례 의식조차도 왕실의 법도가 아닌 일본식으로 치러야 했다. 주인 잃은 나라에서는 왕의 죽음 앞에서도 마음 놓고 슬퍼할 수 없었다.

 고종의 장례식이 끝나고 어느 정도 시간이 지났지만 옹주의 가슴은 여전히 분노로 가득 차 있었다. 옹주는 며칠 동안 물 한 모금 넘기지 못했다. 유모가 걱정이 되어 미음을 쑤어 올렸지만 한사코 입에 대지 않았다. 부왕의 억울한 죽음 앞에서 통곡조차 마음 놓고 할 수 없는 현실이 점점 옹주를 병들게 했다.

"마마, 이러다 몸 상하시옵니다. 어서 드시어요."

"저리 치워라!"

"어찌 이리 고집을 피우십니까. 이리하시면 돌아가신 폐하께

서 얼마나 마음 아파하시겠습니까?"

유모의 말 한마디에 옹주의 눈에서 굵은 눈물방울이 뚝뚝 떨어졌다.

"말씀하지 않으셔도 마마의 마음 다 압니다. 그러나 마마, 이제는 잊으십시오. 그것만이 마마께서 살 수 있는 길이옵니다."

"잊으라고? 유모는 부모가 그리 죽어도 잊을 수 있어?"

옹주의 목소리가 찢어질 듯 날카로웠다. 옹주의 원망 어린 눈빛을 본 유모는 아무 말도 하지 못했다.

"유모도 알잖아. 아바마마께서 승하하시기 전날, 늦게까지

나와 함께 계셨어. 내 볼을 어루만지고, 다정스러운 눈길로 나를 바라보셨어. 그런데 갑자기 돌아가시다니 이를 어찌 받아들이라는 거야."

"마마……. 그래도 어쩔 수 없습니다."

"유모는 비겁해. 독살인 게 분명한데 왜 다들 쉬쉬하고 모른 척하는 거야."

가슴속 울분을 토해 내다 지친 옹주는 그리움 섞인 목소리로 고종을 불렀다.

"아바마마."

하지만 아무리 불러 봐도 소용이 없었다. 고종의 빈자리를 대신해 덕혜의 슬픔을 끌어안아 줄 사람은 어디에도 없었다. 옹주는 고종의 손길이 남아 있는 커피 잔을 집어 볼에 갖다 댔다. 그렇게라도 아바마마의 숨결을 느끼고 싶었다. 옹주의 눈물이 커피 잔 안으로 또르르 떨어졌다.

고종의 장례가 끝난 후 옹주는 누워 있는 날이 많았다. 그동안 몸도 지쳤거니와 그나마 꿈속에서는 자유로이 아바마마를 만날 수 있기 때문이었다. 잠에서 깨어난 옹주는 꿈속의 이야기를 유모에게 늘어놓았다.

"유모, 분명 아바마마께서 내 얼굴을 쓰다듬어 주셨어. 그리고 이렇게 말씀하셨어. '옹주야, 내 사랑하는 아가. 나의 원한을 풀어다오. 잃어버린 나라를 꼭 찾아 다오.' 아바마마는 살아 계셔. 살아 계신 게 분명해."

유모는 옹주를 안타까운 눈빛으로 바라보았다.

"마마, 마음을 굳게 잡으셔야 합니다."

"나 갈 테야."

"어딜 가신다는 말씀이세요."

"아바마마를 만나러 갈 테야. 지금도 날 기다리고 계셔. 어서 오라고 손짓하셨단 말이야."

"마마, 제발 정신 좀 차리세요. 폐하께선 승하하셨습니다."
"아니야. 아바마마는 나를 홀로 남겨 두고 떠나실 분이 아니야. 얼마나 날 아끼고 사랑하셨는데……. 유모의 귓가엔 들리지 않아? 저기 나뭇잎을 흔드는 바람결에 아바마마의 목소리가 묻어 있잖아. 옹주야, 옹주야. 그렇게 부르고 있잖아. 유모는 안 들려? 아바마마. 흑흑."

옹주는 깊은 슬픔을 이기지 못하고 통곡하듯 구슬프게 울었다.

'이 일을 어찌할까.'

유모는 안타까운 마음을 주체할 수 없었다.

이 무렵, 궁궐의 *나인들 사이에서는 이상한 소문이 나돌았다.

"옹주마마가 제정신이 아니래."

"글쎄, 옹주마마가 밤마다 돌아가신 폐하와 이야기를 나눈대."

"어머, 무서워라. 어떻게 된 거 아니야?"

시간이 지날수록 아바마마에 대한 옹주의 그리움은 점점 더 깊어 갔다. 그러던 어느 깊은 밤, 옹주가 사라지고 말았다. 유모

---

*나인 : 조선 시대에 궁궐에서 왕과 왕비를 가까이 모시던 궁녀.

와 나인들은 등불을 들고 옹주를 찾아 나섰다. 어두운 숲길은 도깨비라도 튀어나올 듯 으스스했다. 관물헌과 낙선재는 물론 근처 숲까지 다 뒤졌지만 옹주는 보이지 않았다.

그때였다. 나인 하나가 헐레벌떡 달려왔다.

"옹주마마를 찾았사옵니다. 지금 처소로 모셨습니다."

"그래, 어디에 계시더냐?"

"연못가에 계셨사옵니다."

유모는 한걸음에 옹주의 처소로 달려갔다.

"마마, 주무시다 말고 어디를 다녀오셨습니까? 마마께 무슨 일이라도 생긴 줄 알고 얼마나 가슴 졸였는지 모르옵니다."

"나 아바마마를 만나고 왔어."

"아직도 그 얘기입니까?"

"아바마마는 분명 살아 계셔. 내가 금방 만나고 왔단 말이야. 아바마마가 나를 보고 매화꽃을 닮았다고 하셨어. 유모, 정말 내가 매화꽃을 닮았어?"

옹주의 말에 유모는 깊은 한숨을 내쉬었다.

'얼마나 그리움이 크면 저러실까.'

비단 이불을 덮은 옹주는 다시 또 아바마마를 만나려는 듯 두 눈을 꼭 감고 아늑한 꿈길로 걸어 들어갔다.

5. 조선의 피가
     흐르는 아이

　고종의 갑작스러운 승하 소식에 백성들의 원통함은 하늘을 찔렀고 일본에 대한 증오는 극도에 다다랐다. 조선의 지식인들은 더 이상 일본의 부당한 조선 점령과 폭력에 의한 통치에 굴복할 수 없다는 판단을 내렸다.

　1919년 3월 1일, 민족 대표 33인은 파고다 공원에서 기미 독립 선언서를 통해 조선이 독립국임을 온 천하에 선언했다. 독립을 염원하는 백성 한 사람 한 사람의 마음은 시간이 지날수록 걷잡을 수 없는 파도처럼 변해 갔다. 일본의 무력은 밟고 또 밟아도 다시 고개를 드는 민초들의 갈망을 잠재울 수 없었다. 오히려 일본은 잔인한 무력 앞에서도 꺾이지 않는 그들에게 점점 두려움을 느꼈다.

　고종의 승하 이후 독립을 위한 움직임은 커져 갔고, 3·1운동이 일어나 궁궐 바깥은 매우 어지러웠다. 하지만 옹주의 일상은 크게 달라지지 않았다. 옹주는 전과 다름없이 규칙적인 일과를 묵묵히 해내고 있었다. 슬픔을 그대로 다 드러내지도, 오롯이 참지도 않는 그 모습이 다른 이의 눈에는 오히려 더 애처롭게 보였다.

　"마마, 일어나셔요. 7시가 되었습니다."

　옹주는 졸린 눈을 비비며 일어났다. 서둘러 세수를 하고 곱게 머리도 빗었다. 마지막으로 옷매무새를 가다듬은 후 유모를 불렀다.

　"유모, 다 됐어."

　"예. 순종 황제께 문안 올리러 가시지요."

　옹주는 유모를 따라 순종이 머물고 있는 낙선재로 향했다.

　"순종 폐하, 밤새 평안하셨사옵니까?"

　"그래. 옹주 왔구나. 가까이 오너라."

　순종은 옹주의 손을 잡더니 한참 동안 아무 말 없이 옹주를 바라보았다. 아직 아바마마의 사랑이 그리울 나이였다. 고종이 승하하신 후 부쩍 말수가 적어진 데다 볼이 수척해진 옹주를 보고 있자니 마음이 편치 않았다.

"아바마마가 많이 그립지?"

가슴 깊은 곳에서 슬픔이 치솟았지만 그리움으로 멍든 가슴을 들키고 싶지 않았다. 옹주는 애써 고개를 저으며 의연하게 말했다.

"아닙니다. 이제 괜찮사옵니다."

더 이상은 나약한 모습을 보이고 싶지 않았다. 슬퍼만 하고 있기에는 아바마마의 원한을 풀어 드리고 이 나라를 지키기 위해 앞으로 해야 일들이 너무나 많았다. 더 이상 철부지 어린아이로 살 수는 없었다. 옹주는 조선의 황녀로서 제 몫을 다하리라 마음을 다잡았다.

오진 9시면 옹주의 하루 일과가 시작되었다. 일본은 조선의 왕족들에게까지 일본식 교육을 받도록 강요했기 때문에 사다코라는 일본인이 옹주의 교육을 담당했다.

중간 중간 쉬는 시간을 제외하고 12시까지는 작문과 그림, 글씨, *산술을 배웠다. 옹주는 어느 것 하나 소홀히 하는 법이 없었다.

사다코는 과장 섞인 말투로 옹주에게 칭찬을 늘어놓았다.

---

*산술 : 일상 생활에서 사용할 수 있는 간단한 계산법.

"마마는 참으로 영특하십니다. 모든 과목에서 이토록 뛰어난 재능을 발휘하시다니 정말 놀랍습니다."

사다코는 교활한 표정을 짓더니 이내 본색을 드러냈다.

"그런데 옹주마마, 다른 것은 이토록 잘 하시면서 왜 유독 일본어는 소홀히 하십니까?"

옹주는 조선의 말과 글을 두고 왜 굳이 일본어를 배워야 하는지 몰랐다. 조선의 말과 글을 뿌리째 뽑으려는 그들의 치졸함이 역겨웠다.

사다코는 옹주에게 엄포를 놓듯 말했다.

"마마, 이제 조선은 없습니다. 이 궁궐도 일본의 것이고 이 땅에 사는 백성들도 다 일본 백성이나 다를 바 없습니다. 그러니 일본어를 열심히 배워야 합니다. 일본어를 모르면 아무것도 할 수 없습니다."

하지만 그런 가당치 않은 협박을 두려워할 옹주가 아니었다.

"무엄하구나. 내 비록 일본 옷을 입고 일본의 말을 배우지만 내 정신까지 일본의 것은 아니다. 어느 앞이라고 입을 함부로 놀리는 것이냐!"

갑작스러운 옹주의 일격에 사다코는 할 말을 잃었다. 사다코를 바라보는 옹주의 눈빛은 영롱하게 빛나고 있었다. 어린아이의 눈빛이라고 하기에는 어쩐지 두려움이 느껴져 사다코는 바라보던 눈길을 슬그머니 거두었다.

 1921년 초봄, 옹주는 하노데 소학교 2학년에 입학했다. 하노데 소학교는 일본 고관의 자녀와 조선의 일부 양반 자제들이 다니는 학교였다.
 그 무렵, 옹주는 일본 궁내성의 허락이 떨어져 덕혜라는 이름으로 황족보에 오르게 되었다. 이름 없는 옹주로 살다가 이제야 비로소 이름을 얻어 정식으로 황녀가 된 것이다. 하지만 옹주의 마음은 그리 편치 않았다. 아바마마께서 자신을 황족보에 올리기 위해 데라우치 총독 앞에서 춤까지 췄다는 걸 잘 알기 때문이었다. 아바마마의 수모와 맞바꿔 얻은 이름이었다. 그러나 이름 석 자를 얻었다고 달라지는 것은 아무것도 없었다. 옹주는 차라리 이름이 없는 채로 살아갔다면 아바마마와 더 오랜 시간을 지낼 수 있지 않았을까 하는 생각에 마음이 아렸다.

 덕혜는 순종이 내준 어마차를 타고 학교에 다녔다. 덕혜가 일본 학교에 다니자 백성들 사이에서는 말이 많았다.
 "옹주마마가 왜 일본인들이 다니는 학교에 다녀? 말도 안 되는 소리지."
 "마마는 조선인이라는 걸 잊은 거 아냐?"

덕혜 역시 일본 학교에 다니는 게 싫었지만 거부하지 않았다. 괜히 이 일로 일본의 심기를 건드려 그렇지 않아도 무거운 짐을 짊어지고 사는 순종에게 다른 걱정거리를 얹어 주고 싶지 않았다.

덕혜가 학교에 가기 전에 늘 챙기는 것이 하나 있었다. 그것은 끓인 물을 담은 보온병이었다. 덕혜는 물을 담는 수라간 나인의 행동 하나하나를 유심히 지켜보았다. 나인은 펄펄 끓는 물을 덕혜가 보는 앞에서 보온병에 담았다.

덕혜가 제법 야무진 말투로 나인에게 물었다.

"물을 팔팔 끓인 게 맞느냐?"

"예. 마마께서 직접 보시지 않았사옵니까?"

"그래. 알았다."

보온병에 든 물이 다 떨어져도 절대로 다른 물은 마시지 않았다. 그렇게 보온병에 담긴 물만 고집했던 건 독살이 두려워서였다. 고종께서 독이 든 음식을 먹고 승하하셨기에, 덕혜는 혹시 자신에게도 그런 일이 닥치지 않을까 늘 두려워했다.

학교 수업을 마치고 돌아오면 덕혜는 순종과 황후가 머무는 낙선재에 종종 들렀다.

일본 나막신인 게다를 신고 일본 옷인 기모노를 입은 덕혜의 모습을 보며 순종은 마음이 착잡했다. 누가 보아도 영락없이

일본 아이 같았다.

"오늘은 무엇을 배웠느냐?"

순종의 물음에 두 손을 가지런히 모으고 앉아 있던 덕혜가 입을 열었다.

"호타루란 창가를 배웠나이다."

"그랬구나. 한번 들어 볼 수 있느냐?"

"네."

으음. 덕혜가 목을 가다듬었다. 잠시 뒤 가느다랗고 맑은 목소리가 낙선재 구석구석에 울려 퍼졌다.

반딧불이의 집은 강가의 버드나무
반딧불이가 버드나무에 오르면 저녁 어둠이 지고
강의 송사리 떼가 꿈을 꿀 때쯤이면
호, 호, 호타루가 불을 밝힌다.

순종은 덕혜의 노래 솜씨에 감탄했다.

"노래 솜씨가 아주 훌륭하구나. 허허허."

그러나 순종의 웃음 속에는 왠지 모를 쓸쓸함이 배어 있었다. 가랑비에 옷이 젖듯 덕혜는 점점 일본 아이의 모습으로 변해 가고 있는 듯했다. 살아생전 고종이 그토록 지키고 싶어 하던 아이였다. 부왕께서 지금 일본 색으로 물든 이 아이를 보면 얼마나 가슴을 치며 원통해하실까. 순종의 가슴은 큰 바위를 얹어 놓은 것처럼 무겁고 답답했다.

"덕혜야, 오라버니가 힘이 없구나. 조선 학교에 다니면서 조선의 글과 노래를 배우는 게 당연하거늘……. 내 너를 볼 면목이 없구나."

덕혜가 이런 순종의 마음을 모를 리 없었다. 이제 아버지를 대신하여 자신을 돌봐 줄 오라버니였다. 덕혜는 애써 더 밝은 목소리로 말했다.

"순종 폐하, 일본 옷을 입었다고 저의 마음까지 변한 것은 아닙니다."

"뭐라?"

"제가 조선의 글을, 조선의 노래를, 조선의 숨결을 어찌 잊겠사옵니까. 제 몸에 아바마마께 물려받은 조선의 피가 흐르는 이상, 저는 변하지 않을 것이옵니다."

눈치채지 못한 사이 덕혜는 부쩍 자라 있었다. 순종은 가슴 한구석이 아프면서도 옹주의 어른스러운 대답에 내심 흐뭇했다.

"그래, 넌 누가 뭐라 해도 조선의 황녀이니라. 그 마음 언제까지나 변하지 말고 간직하여라."

"순종 폐하, 저는 조선 옷을 입고 조선 창가를 부르고 싶습니다. 언젠가 그런 날이 오겠지요?"

덕혜가 결의에 찬 눈빛으로 말했다.

"그렇고말고. 백성들이 원하고 우리 모두가 원하는 일인데 그 누가 막을 수 있단 말이냐. 우리 조금만 더 기다려 보자꾸나."

순종은 덕혜의 여린 손을 꼭 잡았다. 고종이 승하한 후, 그리 살갑게 대해 주지도 못했는데 이리도 바르게 잘 자란 것을 보니 미안하기도 하고 대견스럽기도 했다. 겉으로는 어리고 약해 보이지만 가슴속에 큰 뜻을 세운 덕혜를 보며 순종의 가슴은 점점 뜨거워졌다.

6. 인연

적막한 궁궐 안과 달리 바깥세상은 어수선하고 흉흉했다. 일본은 조선을 완전히 자기 나라의 속국으로 만들기 위해 더더욱 흉악하고 잔인하게 조선의 숨통을 옥죄었다.

독립군과 실오라기만큼이라도 연관이 있으면 무조건 *조선총독부로 잡아들였다. 그곳에 잡혀간 사람들은 불구의 몸이 되어 돌아오거나 영영 돌아오지 못했다.

엎친 데 덮친 격으로 몇 년째, 흉년이 계속 되어 굶어 죽는 백성들이 수두룩했다.

*조선총독부 : 1910년부터 1945년까지 일본이 우리나라를 지배하기 위해 설치했던 최고 행정 관청.

그런 모진 세월 속에서도 계절은 어김없이 옷을 갈아입었다. 계속될 것만 같았던 기나긴 겨울도 슬며시 봄에게 자리를 내주고 과거의 시간 속으로 사라졌다.

덕혜와 양 귀인이 머무는 창덕궁 관물헌에도 봄기운이 스며들었다. 관물헌 뒤편에 있는 뜰에는 꽃이 하나둘 톡톡 망울을 터트리기 시작했고 저 멀리서 새들이 봄이 왔다며 노래하는 것 같았다.

"어머니, 바깥 공기 좀 쐬고 싶어요."

덕혜가 사락사락 옷깃을 스치며 자리에서 일어나자 양 귀인도 따라 일어섰다.

"그러시지요."

덕혜와 양 귀인은 관물헌 마당으로 나왔다.

"마마, 제 손을 잡으세요."

"예, 어머니."

덕혜는 하얀 손을 양 귀인에게 내밀었다. 세상에 이보다 따뜻하고 부드러운 손이 또 있을까. 양 귀인은 자신이 이리도 고운 분을 낳았다는 사실에 새삼 감격스러워 옹주의 손을 꼭 잡았다.

두 사람은 다정하게 돌담장을 따라 걸어갔다. 어느새 느티나무 길로 접어들었다. 뿌리 끝에서부터 올라오는 진한 나무 향이 마음을 정화시켜 주는 듯했다. 나뭇가지 사이를 파고든 햇살이 덕혜의 얼굴을 비추자 양 귀인은 손을 위로 올려 햇살을 막아 주었다.

고종이 승하한 뒤로 오랜만에 함께 걷는 길이었다. 별다른 말이 오가지 않아도 모녀 사이에는 따스한 기운이 감돌았다. 그렇게 걷다 보니 어느덧 부용정 근처까지 오게 되었다.

양 귀인이 잠시 머뭇거리더니 이내 발걸음을 멈췄다. 부용정은 옹주가 고종과 함께 자주 들렀던 곳이었다. 돌아가신 부왕 생각에 옹주의 마음이 쓰릴까 하여 양 귀인은 걱정이 되었다.

"어머니, 어서 오시어요."

덕혜가 양귀인의 손을 이끄는 바람에 어쩔 수 없이 모녀는 부용정에 발을 들여 놓았다.

"어머니, 부용정은 언제 보아도 아름다운 것 같아요."

"그래요. 계절마다 옷을 바꿔 입는 이곳 경치를 보고 있노라면 마치 천상에 온 듯하옵니다."

말을 마치고 고개를 돌리니 아니나 다를까 덕혜의 표정이 심상치 않았다.

"언젠가 아바마마와 함께 이곳에 왔을 때 사각으로 된 연못은 땅이고 물 한가운데 우뚝 선 소나무는 하늘이라 일러 주셨어요. 땅과 하늘 사이에 사람이 있고 사람들은 서로 조화롭게

살아야 한다고…….”

 말 한마디, 한마디에 고종에 대한 그리움이 묻어났다. 양 귀인은 덕혜를 물끄러미 바라보았다. 먼 곳을 바라보고 서 있는 덕혜의 눈빛이 애처로웠다. 양 귀인은 덕혜의 슬픔에 젖은 마음을 돌릴 요량으로 일부러 들뜬 목소리로 말했다.
 "마마, 이곳은 연꽃이 피는 여름이 가장 아름다우니 다음에 다시 오도록 해요."
 옹주도 어머니의 마음을 헤아려 더 이상 고종에 대한 이야기를 꺼내지 않았다.
 "그래요. 그때 다시 와요."
 덕혜는 잡고 있던 양 귀인의 손을 더 꼭 잡았다. 의지하고 마음을 터놓을 수 있는 유일한 사람, 덕혜는 어머니의 손을 놓치고 싶지 않았다.
 양 귀인도 덕혜의 손을 꼭 붙들었다. 고종의 사랑에 견줄 바는 아니지만 그래도 어미로서 늘 곁에서 지켜 주겠노라 다짐하고 또 다짐했다.

 봄바람이 코끝을 간질이는 날, 덕혜는 학교 수업을 마치고 궁궐로 향했다. 바깥 풍경과는 다르게 어둑한 마차 안이 갑갑했는지 덕혜는 쪽문을 활짝 열어젖혔다.

"마마, 문을 닫으시옵소서."

유모가 덕혜를 말렸다.

"이때가 아니면 바깥세상을 살펴볼 시간도 없잖아."

"볼 것이 뭐가 있다고 그러십니까? 숲 근처에 가면 그때 보시지요."

길거리에는 피죽 한 그릇도 못 먹었는지 궁핍한 얼굴로 돌아다니는 사람들로 가득했고, 짚신도 없이 맨발로 다니거나 다해진 옷을 걸친 아이들도 부지기수였다. 이따금씩 매서운 눈빛으로 뭔가를 찾으려는지 부산스럽게 이동하는 일본 순사들도 눈에 띄었다.

유모는 덕혜에게 흉흉하고 비참한 나라 사정을 보이고 싶지 않았다.

"마마, 봄이긴 하지만 바람 끝이 매섭사옵니다. 그러다 고뿔 드시옵니다."

"괜찮아. 내가 알아서 할 것이다."

위이잉.

갑자기 하늘에서 고막을 찢을 듯한 거대한 굉음이 들려왔다. 덕혜는 소스라치게 놀라며 양손으로 귀를 막았다.

"유모, 대체 이 소리가 뭐지?"

"비행기 소리인가 봅니다."

덕혜는 창밖으로 고개를 내밀어 하늘을 올려다보았다. 정말 비행기 한 대가 하늘에 하얀 포물선을 그리며 날아가고 있었다.

"그런데 유모. 저기 하늘에서 꽃잎처럼 팔랑팔랑 떨어지는 것은 무엇이지?"

"마마, 아무것도 아니옵니다."

덕혜의 물음에 유모는 당황한 표정으로 황급히 쪽문을 닫으려 했다.

"무엇을 숨기는 것이야! 어서 고하라."

하늘에서 떨어지는 건 일본이 전쟁에 조선 청년을 끌어들이기 위해 뿌려 대는 쪽지였다.

"예, 마마. 저것은 삐라라는 것입니다. 일본은 틈만 나면 다른 나라를 집어삼키려고 호시탐탐 기회를 노리고 있사옵니다. 자기네가 일으킨 전쟁에 조선 청년들을 끌어들이기 위해 저 난리를 치고 있는 것이옵니다."

"저런 괘씸한! 저 종이에 어떤 글귀가 적혀 있는지 궁금하구나. 어서 하나 주워 오너라."

"마마, 아니 되옵니다. 차라리 모르시는 게……."

그때였다.

삑삑. 날카로운 호루라기 소리가 덕혜의 귓가에 화살처럼 꽂혔다. 덕혜는 호루라기가 나는 쪽으로 고개를 돌렸다. 한 여자아이가 일본 순사에게 한쪽 팔을 잡힌 채 질질 끌려가고 있었다. 일핏 봐서는 덕혜 또래로 보였다. 아이는 끌려가지 않으려고 안간힘을 쓰는 것 같았지만 순사의 힘을 당해 내지 못했다.

유모는 더 이상 두고 볼 수 없었는지 황급히 쪽문을 닫았다.

"마마, 세상에는 볼 것이 있고 봐서는 안 될 것이 있사옵니다. 지금은 봐서는 안 될 것이옵니다."

옹주는 눈을 부릅뜨고 유모에게 호통을 쳤다.

"지금 내 눈과 귀를 막겠다는 것이냐. 유모의 눈에는 저 아이가 보이지 않아? 순사에게 아이가 짐승처럼 끌려가는데 모른 척 눈을 감을 순 없다. 마차를 멈추어라."

"아니 되옵니다. 마마."

"어서 멈추래도!"

그 순간, 옹주의 목소리에는 황녀다운 위엄이 서려 있었다. 아직 제대로 피어 보지도 못한 여자아이가 순사에게 무참히 당하는데도 주변에 모인 사람들 중 그 누구도 나서는 이가 없었다. 자칫 잘못 나섰다가 총독부에 끌려가 어떤 고초를 당할지 두려웠기 때문이었다.

"제발 살려 주세요."

"원하던 일자리를 주겠다는데 왜 이리 말이 많아!"

"싫어요."

아이가 순순히 따라오지 않자, 순사는 손을 휘둘러 아이의 뺨을 때렸다.

"이런 바보 같은 조센징!"

아이는 순사의 거친 손에 힘없이 그 자리에 고꾸라졌다.

그때였다. 유모가 말릴 새도 없이 덕혜가 순사 곁으로 성큼성큼 걸어갔다. 유모는 놀란 마음에 덕혜를 애타게 불렀다.

"마마, 옹주마마."

덕혜는 흔들림 없는 눈빛으로 순사를 쏘아보았다. 순사는 어이가 없다는 듯 덕혜를 위아래로 훑어봤다.

"뭐야? 어서 비키지 못해!"

순사의 위협적인 행동에도 덕혜는 눈빛을 거두지 않았다.
"여기가 어디라고 함부로 행패를 부리느냐! 무엄하구나!"
덕혜의 당찬 목소리에 당황했는지 순사의 눈동자가 불안하게 흔들렸다.
"건방진 조센징! 네가 죽고 싶어서 환장을 했구나! 그게 소원이라면 내가 죽여 주지."
순사는 입술을 파르르 떨며 칼 끝으로 덕혜를 겨누었다. 그러나 덕혜는 한 치의 흔들림도 없었다.
"너희 나라에는 법도도 없다더냐! 어서 칼을 거두고 아이를 풀어 주어라!"
덕혜의 강한 기운이 순사를 한발 물러나게 했다. 그러나 순순히 물러날 순사가 아니었다. 순사는 잠시 망설이는가 싶더니 다시 덕혜에게 칼끝을 겨누었다.
그때, 유모가 벼락같이 소리치며 뛰어들었다.
"네 이놈! 어느 안전이라고 칼을 들이대느냐! 이분은 옹주마마이시다. 당장 물러서지 못할까!"
유모의 호령에 순사는 움찔하더니 재빨리 주위를 살폈다. 조금 떨어진 곳에서 호화로운 어마차를 발견한 순사는 유모의 말이 거짓이 아님을 깨달았다. 잠시 망설이던 순사는 슬그머니 칼을 내려놓았다.

"저 아이는 내가 거두겠다."

당차고도 위엄 있는 황녀의 목소리에 순사는 아직 분이 풀리지 않은 듯 씩씩거리며 어정쩡한 걸음으로 물러섰다.

덕혜는 두려움에 부들부들 떨고 있는 아이에게 다가가 헝클어진 옷매무새를 고쳐 주며 다정하게 말을 걸었다.

"괜찮니?"

"괜히 저 때문에 옹주마마께서 하마터면 봉변을……."

"아니다. 내 나라 백성의 일인데 어찌 모른 척할 수 있겠느냐. 그나저나 몸이 많이 상했구나. 치료부터 해야 하니 마차에 오르도록 하라."

"……."

아이는 아무 말도 못 한 채 망설이기만 했다.

"어려워할 것 없다. 어서 오르도록 해라."

주저하던 아이는 덕혜를 따라 마차에 올랐다.

궁궐로 돌아오는 길, 봄볕은 더 강해졌다. 하지만 덕혜의 마음속은 다시 겨울이 찾아온 듯 스산함이 감돌았다. 그동안 백성들이 일본에 얼마나 많은 고초와 수모를 당했을까 생각하니 가슴이 시려 왔다. 백성들의 아픔을 대신할 수 없고, 그들의 눈물을 닦아 줄 수 없는 힘없고 무능한 왕족이라는 사실에 절로 한숨이 나왔다.

옹주를 따라 궁궐에 들어온 아이는 허복순이었다. 복순은 순사에게 당한 충격 때문인지 삼일 밤낮으로 끙끙 앓아누웠다. 궁궐을 들어온 지 일주일째 되던 날 겨우 몸을 추스린 복순에게 일거리가 주어졌다.

최 나인이 복순이 앞에 걸레를 툭 던지며 말했다.

"너 계속 쉬기만 할 거야? 일을 해야지. 우선 이 걸레로 마루부터 깨끗이 닦도록 해. 그리고 끝나면 저기 우물가에서 빨래해. 알았지?"

"예."

복순은 땀을 뻘뻘 흘리며 걸레질을 했다. 궁궐 마루가 어찌나 넓은지 한나절이 지나서야 겨우 일을 마칠 수 있었다.

휴. 걸레질을 마치고 우물가에 산더미처럼 쌓인 빨랫감을 보니 절로 한숨이 나왔다.

"복순이 너, 빨래 안 하고 뭐해! 날이 저물기 전까지 다 끝내야 한다."

최 나인의 호통이 떨어지자 복순은 황급히 빨랫감을 잡고 주물렀다.

몇 시간째 쪼그려 앉아 빨래를 주무르니 다리도 저리고 손가락 마디마디가 쑤셨다. 그래도 한눈 팔지 않고 열심히 몸을 움직였다. 물을 뜨려고 우물 안의 두레박 줄을 잡아당기려는 순간, 낯익은 얼굴 하나가 저 멀리서 아른거렸다. 자세히 보니 자신의 목숨을 구해 주었던 옹주마마였다. 복순은 황급히 잡고 있던 두레박 줄을 놓고 부리나케 덕혜가 있는 곳으로 달려갔다. 복순은 허리를 최대한 굽혀 인사를 올렸다.

"옹주마마, 그동안……."

"이게 무슨 짓이냐. 감히 마마의 길을 막다니, 썩 물러나지 못할까!"

유모의 엄한 목소리가 복순의 말을 잘랐다. 그저 반가운 마음에 인사를 드린 것뿐인데 갑작스런 불호령에 복순은 어찌할 바를 몰랐다.

"유모, 너무 그러지 마. 네 이름이 무엇이라고 했지?"

"보, 복순이라 하옵니다."

"그래. 복순이라 했지. 궁 생활은 어떠하니?"

"잘 지내고 있습니다, 마마."

덕혜가 우물가에 수북이 쌓여 있는 빨랫감을 보더니 복순을 안쓰럽게 쳐다보았다. 복순은 괜찮다는 듯 미소를 지어보였다.

"옹주마마, 저건 아무것도 아닙니다. 이렇게라도 일할 수 있어서 얼마나 좋은지 모릅니다. 흰 쌀밥도 배불리 먹을 수 있고요."

"그래도 아직 몸이 다 낫지 않았을 텐데 너무 무리하지 마라."

"예, 마마."

복순은 덕혜가 눈앞에서 사라진 후에도 한동안 고개를 숙인 채 서 있었다. 부드러움 속에 숨겨진 위엄 있고 당당한 태도와 천한 것의 말에도 귀 기울여 주는 따뜻한 마음씨. 옹주마마를 보면 볼수록 복순은 우러르는 마음이 절로 생겼다.

복순은 소매를 걷어붙이고 콧노래를 흥얼거리며 다시 빨래를 시작했다. 신기하게도 옹주마마를 뵌 뒤로는 다리가 저린 것도, 손가락이 쑤신 것도 싹 가셨다. 부지런히 일하는 것만이 자기 목숨을 구해 준 옹주마마에게 은혜를 갚는 길이라 생각하며 복순은 더 열심히 빨래를 주물렀다.

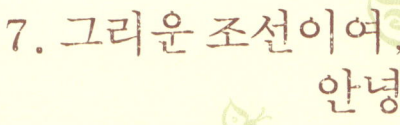

7. 그리운 조선이여, 안녕

 겨우내 숨죽이며 움츠렸던 꽃들은 오랜 잠에서 깨어나 하나 둘 부스스 눈을 뜨기 시작했다. 나뭇가지 위 새들의 노랫소리가 포근한 온기를 품기 시작한 햇살을 가르며 궁궐 안에 울려 퍼졌다. 하지만 궁궐 안 사람들은 누구 하나 봄을 만끽할 여유가 없었다. 도리어 철없이 일찍 찾아온 봄이 야속하기만 했다.
 1925년 3월, 옹주의 일본 유학이 결정되었다.
 소식을 들은 순종은 깊은 한숨을 내쉬었다.
 "이 노릇을 어찌할꼬."
 일본은 덕혜를 황족보에 올린 대가로 일본 유학을 강요해 왔다. 순종은 어떻게든 옹주의 유학만큼은 막아 보려 했지만 달리 도리가 없었다.

"내 죽어 훗날 부왕을 만난다면 어찌 고개를 들 수 있겠는가."

순종은 옹주에게 닥친 불행이 모두 자신의 무능함 때문인 것 같아 몇날 며칠을 곡주로 수라를 대신했다.

덕혜의 일본행이 확정되면서 상궁과 나인들은 분주해졌다. 옹주가 쓸 물품을 준비하느라 마냥 슬퍼할 시간이 없었다. 유모는 옹주의 비단옷이며 이부자리를 꼼꼼히 챙겼다. 모두들 분주했지만 정작 덕혜만이 남의 일을 대하듯 관심이 없었다. 하루 종일 넋을 놓고 깊은 생각에 빠져 있는가 하면 밤에는 잠을 이루지 못하고 고송을 그리며 숨죽여 흐느꼈다.

"아바마마, 정녕 저를 이렇게 보내시렵니까? 이름을 얻은 대가가 이거란 말입니까. 차라리 이름 없는 여인으로 사는 게 나았습니다. 아바마마."

아무리 불러 봐도, 아무리 그리워해도 그 어떤 대답도 돌아오지 않았다. 그저 가슴속 차오르는 눈물만이 깊어질 뿐이었다.

일본으로 떠날 날이 하루하루 가까워지자 덕혜는 모든 것을 체념한 듯 말문을 닫았다.

어느 날에는 낙선재 마루에 앉아 하루 종일 종이비행기를 접었다. 덕혜는 식사도 거른 채 하루 종일 비행기를 접는 데에만 정신이 팔려 유모의 애를 태웠다.

"마마, 여태 한 끼도 안 드셨사옵니다. 이제 그만하시고 식사를 하셔야지요."

"……."

유모의 말에 덕혜는 아무런 대꾸도 없었다. 그저 손을 바삐 움직여 마루에 수북이 쌓이도록 종이비행기를 접었다. 이렇게라도 온 신경을 쏟지 않으면 도저히 하루하루를 견딜 수가 없었다. 그리운 사람들, 정든 내 나라 것들을 모두 남겨 두고 고국을 떠난다는 게 아직 어린 덕혜에게는 받아들이기 힘든 일이었다.

덕혜는 마루 가득 수북이 쌓인 종이비행기를 한꺼번에 날려 보냈다. 종이비행기는 바람결을 따라 날아가다 나뭇가지에 걸리기도 하고 저 멀리 담장을 넘어가기도 했다.

허공에서 춤추듯 날아다니는 종이비행기를 보며 희미하게 웃던 덕혜는 떨어지는 비행기와 함께 금세 얼굴빛이 어두워졌다.

'딱하기도 하시지. 어디론가 훨훨 날아가고 싶은 마음이실 테지.'

유모는 덕혜를 그저 측은한 눈빛으로 바라볼 뿐이었다.

며칠 후 유모는 우물가에 있는 복순을 찾았다.
"복순아."
복순은 주무르던 빨래를 밀쳐 내고 황급히 머리를 조아렸다.
"옹주마마께서 너를 찾으신다."
복순은 옹주마마께서 갑자기 무슨 일로 자신을 부르는가 하여 가슴이 두근두근 뛰었다.
"예? 무슨 일로 저를 찾으시나요?"
"가 보면 알 것이니 어서 따라오너라."
복순은 떨리는 가슴을 안고 유모의 뒤를 따라갔다.
옹주전에 도착한 복순은 조심스럽게 마루에 올랐다. 방 안에는 덕혜가 단정한 모습으로 앉아 있었다. 두 손을 꼭 마주잡은 복순의 손끝이 바르르 떨려 왔다.
긴장한 빛이 역력한 복순을 보고 덕혜는 온화한 미소를 지어 보였다.
"이리 가까이 오너라."
"예, 마마."
복순은 예를 갖춰 그 앞에 엎드렸다. 옹주마마를 이리 가까이에서 다시 뵐 수 있다니 복순에게는 더없는 영광이었다.
"내가 널 보자고 한 이유는……."
덕혜는 말을 멈추고 짧은 한숨을 내쉬었다. 일본 유학이라는 말을 꺼내는 것 자체가 옹주에게는 고통이었다. 숨을 깊이 들이마신 후, 다시 힘겹게 입을 열었다.

"나는 일본으로 유학을 간다. 네가 곁에서 잔심부름도 하고 이야기 벗이나 되어 주면 좋겠구나."

"마마, 지금 뭐라고 하셨습니까? 일본에 가신다고요?"

"그래, 며칠 후면 일본으로 떠날 것이다."

"그, 그런데 정말로 일본에 공부하러 가시는 게 맞사옵니까?"

"그게 무슨 소리냐?"

"궁궐 안에서 떠도는 소문을 들었습니다. 일본이 유학을 빌미로 마마를 인질로 끌고 간다고······."

옹주의 곁을 지키던 유모가 버럭 화를 내며 복순을 나무랐다.

"어느 안전이라고 그런 소리를 하느냐!"

유모의 불호령에 복순은 고개를 조아렸다.

"제가 죽을 죄를 지었습니다. 한 번만 용서해 주십시오."

덕혜는 놀랄 것도 없다는 듯 무심한 표정으로 힘없이 말했다.

"유모, 그만해. 복순이가 틀린 말을 한 것도 아닌데."

옹주의 말을 들은 복순의 얼굴빛이 점점 붉어지더니 갑자기 흐느끼기 시작했다.

유모는 난처한 표정으로 복순을 꾸짖었다.

"네가 아직도 정신을 못 차린 게냐. 감히 누구 앞이라고 눈물을 보이느냐."

복순이 울먹거리며 말했다.

"저야 마마를 가까이서 모실 수 있어서 기쁘지만 마마께서 강제로 일본으로 가시는 게 너무나 서럽고 분해 그럽니다."

복순의 말처럼 기막힐 노릇이었다. 무엇 때문에 태어나 자란 조선의 땅을 떠나야 하는 것인지 덕혜는 알지 못했다. 왕족이라 해도 힘이 없으니 그저 일본이 시키는 대로 따를 뿐이었다. 아바마마와의 추억이 서린 궁을 뒤로한 채 떠나야 한다는 사실에 덕혜의 마음은 무너져 내릴 듯했다.

1925년 3월 27일 오전 10시 30분, 경성 역에 특별 열차가 도착했다.

경성 역에는 덕혜를 배웅하기 위해 많은 사람들이 모였다. 히노데 소학교 교장과 학생들도 눈에 띄었다. 덕혜는 일본식 비단옷을 입고 그 위에 주홍빛이 도는 일본식 코트를 입었다. 머리를 단정히 빗고 화장도 약간 했다. 영락없이 일본 여학생의 모습이었다.

"죽일 놈들, 영친왕으로도 모자라 이제는 옹주마마까지 끌고 가다니! 벼락을 맞을 놈들!"

"이제 가시면 언제 오시려나."

원통함과 안타까움이 녹아든 백성들의 목소리가 여기저기에서 들려왔다.

뿌우웅.

떠나야 할 시간이 되었는지 기차가 기적 소리를 울렸다.

이제는 정말 마지막이란 생각에 서러웠는지 누군가가 울음을 터트렸다.

"옹주마마. 흑흑."

그 울음소리가 신호탄이 되어 경성 역은 순식간에 울음바다가 되었다.

"옹주마마, 부디 건강하셔야 합니다."

"꼭 다시 돌아오셔야 합니다."

"우리 조선을, 대한 제국을 잊지 마옵소서."

덕혜는 마지막으로 보는 것일지도 모르는 그들을 향해 손을 흔들었다. 덕혜의 눈가가 점점 뜨거워졌다. 마지막까지 슬픈 내색을 보이지 않으려 했지만 가슴 깊은 곳에서부터 북받치는 뜨거운 감정을 숨길 수가 없었다.

덕혜의 뺨을 타고 흘러내리는 눈물을 양 귀인이 손으로 닦아 주었다.

"옹주마마, 이렇게 가시면……."

양 귀인도 끝내 참았던 눈물을 쏟아내고 말았다.

"어머니, 저는 괜찮지만 홀로 계실 어머니가 걱정입니다."

덕혜의 애절한 목소리에 곁에 있던 상궁들마저 눈물을 흘리며 훌쩍였다.

"여름이 오면 다시 부용정에 가기로 한 약속 잊지 않으셨죠?"

"옹주마마, 어찌 그걸 잊겠사옵니까. 그런 날이 분명 올 것이옵니다."

과연 그런 날이 올 지 덕혜는 알 수 없었다. 지난번 한창수가 와서 방학 때마다 조선에 보내 주겠노라고 약속은 했지만 그 말을 그대로 믿을 수는 없는 노릇이었다.

"어머니, 소녀의 절을 받으세요."

덕혜는 예를 갖추고 절을 올렸다. 절을 올리는 덕혜의 마음이 무너지는 듯 서글펐다. 차마 양 귀인과 눈을 똑바로 마주칠 수 없었다. 눈을 마주치면 슬픔의 무게로 인해 그 자리에 주저앉아 영영 일어날 수 없을 것만 같았다.

덕혜는 잠시 바닥에 손을 짚었다 겨우 일어섰다. 한차례 숨을 고르고 몸을 반쯤 돌린 뒤, 궁궐을 향해 다시 한 번 절을 올렸다.

"순종 폐하, 부디 옥체를 잘 보존하시옵소서."

이 모습을 지켜보던 사람들이 고개를 돌려 눈물을 삼켰다. 한 나라의 황녀가 이토록 쓸쓸히 떠나는 모습을 차마 눈뜨고는 바라볼 수 없었다.

여기저기에서 흐느끼는 소리가 덕혜의 귓가에 들려왔다.

"옹주마마."

"옹주마마."

사람들은 애타게 덕혜를 불렀다. 덕혜는 눈물을 삼킨 채 애써 태연한 척 환한 미소를 보이며 손을 흔들었다. 기필코 이 사람들을 다시 보리라. 기필코 조선에 다시 오리라. 마음으로 다짐하며 한 걸음, 한 걸음 발을 떼어 기차에 올랐다.

기차는 기적 소리와 함께 서서히 움직이기 시작했다. 차창에 덕혜의 슬픈 얼굴이 비쳐졌다. 눈물로 희뿌옇게 흐려진 차창 밖으로 지난날의 풍경이 하나둘 스쳐 지나갔다.

덕혜를 바라보던 아바마마의 인자한 미소와 포근하던 어머니의 품, 그리고 덕혜의 유학이 결정된 날 보았던 순종 오라버니의 눈물까지. 헤어진 지 얼마 되지 않았는데, 모든 것이 다 그리웠다. 그리운 것들을 붙들려 차창에 손을 뻗어 보았지만 차가운 감촉만 느껴질 뿐 손끝에 잡히는 것은 아무것도 없었다. 덕혜는 가슴이 먹먹해졌다.

"사랑하는 사람들을 두고 내 어찌 지낼까."

덕혜는 스쳐 지나가는 바깥 풍경을 아련하게 바라보았다.
밭에 씨앗을 뿌리는 농부, 바람결에 한들한들 흔들리는 꽃들, 철없이 뛰어다니며 노는 아이들……. 조선의 풍경, 내 나라의 숨결을 하나라도 놓치고 싶지 않았다. 지나가는 모든 것을 하나하나 마음에 새기듯 덕혜는 한시도 창밖에서 눈을 떼지 않았다.
그리운 것들은 왜 그리 빨리 사라지는지. 무심하게도 기차는 덜컹덜컹 소리를 내며 그리운 것들을 하나하나 지나치고 있었다.

8. 조선의 황녀, 덕혜

　일본 동경의 신바시 역에 도착하기까지 기차는 꼬박 이틀을 달렸다. 일본으로 향하는 동안 덕혜의 몸과 마음은 섬섬 더 낮게 가라앉았다.
　처음으로 밟는 일본 땅. 낯선 것과는 다른 불안한 기운이 덕혜의 온몸을 휘감았다.
　'정녕 여기가 일본이란 말인가. 어떻게 내가 여기까지 오게 되었나.'
　역 주변은 조선에서 온 황녀를 보려는 사람들로 북적였다. 영친왕과 영친왕의 부인인 마사코 왕비, 덕혜가 다니게 될 학교의 교장과 학생들을 비롯해 조선의 유학생들도 간간이 눈에 띄었다.

덕혜가 플랫폼을 벗어나 역 광장으로 나오자 사람들은 술렁거렸다. 여기저기서 사진기 플래시와 동시에 환호성이 터졌다.

"저기 덕혜 옹주님이시다!"

조선 유학생으로 보이는 젊은이가 큰 소리로 외쳤다. 반가움이라기보다는 슬픔과 서러움에 젖은 목소리였다. 유학생들은 고국 땅이 아닌 일본에서 옹주마마를 뵙게 된 현실이 믿기지 않는 듯 표정이 어두웠다.

덕혜가 무표정한 얼굴로 모습을 드러내자 유학생들은 안타까운 표정으로 고개를 숙여 예를 갖췄다.

덕혜는 마중 나와 있는 영친왕과 마사코를 발견했다.

"덕혜야, 먼 길 오느라 고생이 많았겠구나."

"네, 오라버니."

말문을 연 덕혜의 얼굴엔 생기라곤 찾아볼 수 없었다. 영친왕은 반가운 마음에 덕혜의 손을 잡고 눈을 마주치려 했지만 덕혜는 오라버니의 시선마저도 피했다.

그런 덕혜를 바라보던 영친왕의 눈에 눈물이 고였다. 차라리 덕혜가 서럽게 울기라도 한다면 따뜻하게 안아 줬을 텐데 도리어 담담한 덕혜의 모습이 더 가슴을 아프게 했다. 부모의 품이 그리울 나이에, 어린 것이 얼마나 큰 상처를 받았으면 마음의 문을 닫았을까 생각하니 한없이 가엾고 안쓰러웠다.

일본에 온 뒤 덕혜는 주로 방 안에서만 지냈다. 사람들과 마주치는 것도 싫었고 일본 땅을 밟는 것조차 치욕스럽게 느껴져 특별한 경우가 아니면 바깥출입을 하지 않았다.

덕혜는 창밖으로 펼쳐진 하늘을 한참 동안 올려다보았다. 하늘은 파란색 물감을 뿌려 놓은 듯 푸르렀고 날씨는 눈이 시릴 만큼 화창했다. 덕혜는 힘없이 중얼거렸다.

"하늘은 저리도 맑고 투명한데 내 마음은 왜 이리 어두울까."

"옹주마마, 기운이 없어 보입니다. 다과상 좀 차릴까요?"

"아니다. 별 생각이 없구나."

"진지도 조금밖에 안 잡수셨잖아요. 과일이라도 내오겠습니다."

"복순아, 수고할 필요 없다. 무엇을 먹은들 배가 부르겠느냐. 그보다 그림을 좀 그려야겠구나. 준비해다오."

"예, 마마."

복순은 벼루와 묵, 붓 그리고 화선지를 가져다 옹주 앞에 다소곳이 내려놓았다.

이따금 이유 없이 밀려드는 슬픔을 누르지 못할 때마다 덕혜는 붓을 들었다. 붓 끝에서 화선지로 먹이 번져갈 때면 덕혜의 마음도 그 속에 스며드는 듯했다.

덕혜는 붓을 잡더니 거침없이 매화 하나를 그려 냈다. 화선지 속 매화 가지가 살아 있는 것처럼 생동감이 넘쳤다.

"마마, 그림에서 향기가 나는 듯하옵니다."

"복순이 네가 우스갯소리를 다 하는구나."

"아닙니다. 정말로 그리 느껴집니다. 마마, 그런데 요즘은 왜 매화만 그리십니까?"

"매화는 한겨울에도 꽃을 피우지 않더냐. 혹독한 시련을 이겨 내는 꽃이지. 조선도 그러할 것이다."

복순은 말뜻을 알겠다는 듯 가만히 고개를 끄덕였다.

덕혜는 잠시 붓을 놓고 창밖의 먼 곳을 바라보았다.

'지금은 이 매화가 화선지 안에 갇혀 있지만 언젠가는 바람을 타고 대지 위에 뿌리를 내리지 않겠느냐. 나 또한 지금은 일본이라는 철장에 갇힌 신세이지만 언젠가는 이곳을 벗어나 내 나라 조선으로 갈 것이다. 꼭 그날이 올 것이다.'

일본에 온 이후 빛을 잃었던 덕혜의 두 눈동자가 아주 오랜만에 반짝였다.

일본에 정착한 뒤 덕혜는 아오야마에 있는 여자 학습원에 다니게 되었다. 학생들은 선생님의 지시에 따라 덕혜에게 예를 갖추었지만 가슴속 밑바탕에 깊이 깔려 있는 조선인에 대한 은

근한 비웃음과 멸시를 감추지는 않았다. 그곳에서 덕혜는 바다 한가운데 홀로 떠 있는 외로운 섬과 같았다.

학습원에 다닌 지 얼마 되지 않아 학생 하나가 덕혜에게 말을 걸었다.

"덕혜님, 우리 토모에갓센 놀이할 건데 덕혜님도 같이해요."

토모에갓센이란 놀이는 빨간색과 흰색과 노란색의 어깨띠를 매고 상대방의 깃발을 빼앗는 놀이였다.

덕혜는 고개를 저으며 낮은 목소리로 말했다.

"나는 남의 것을 빼앗는 그런 놀이는 싫어!"

그러자 다른 학생이 거만하게 말했다.

"힘이 없으면 빼앗기는 건 당연하지. 조선에서는 이런 놀이도 하지 않았나 봐? 쳇, 바보 같은 조센징!"

대놓고 조선인을 멸시하고 조롱하는 그들 앞에서 덕혜는 절대로 고개를 숙이지 않았다. 오히려 더 꼿꼿이 고개를 들고 당당하게 행동했다.

"내가 조센징이면 너희들은 쪽발이다!"

덕혜는 이렇게 말하고 싶었지만 꾹 참았다. 똑같이 맞대응한다면 자신 역시 그들과 다를 바가 없다고 생각하며 애써 마음을 다잡았다.

어느 날은 일본 황제의 딸이 덕혜가 다니는 학습원을 방문했다. 옆에 있던 학생 하나가 덕혜에게 말했다.
"지금 이분이 누구이신 줄 알고 고개를 그렇게 빳빳이 들고 있는 거야! 어서 예를 갖춰. 어서!"
학생의 다그침에도 덕혜는 눈 하나 깜짝하지 않았다.
당황한 학생이 다시 덕혜에게 소리쳤다.
"어서 고개를 숙여 예를 갖추란 말이야. 넌 예의도 모르니?"
그럴수록 덕혜는 오히려 허리를 더 꼿꼿이 세우고 자세를 흐트러뜨리지 않았다.
참다 못한 학생이 큰 소리로 외쳤다.
"이분은 대일본제국의 황녀이시다!"
그러자 덕혜는 조금도 망설이지 않고 말했다.
"나는 대한 제국의 황녀이다. 어찌 내가 고개를 숙여야 한다 말이냐! 설령 나를 죽인다 해도 절대로 내가 고개를 숙이는 일은 없을 것이다!"
그 일이 있은 후, 학생들은 노골적으로 덕혜를 따돌리고 괴롭혔다.
어느 날, 덕혜가 화장실에 가는 걸 보고 서너 명의 학생이 뒤따라왔다. 덕혜가 화장실 안으로 들어가자 학생들은 기다렸다는 듯 밖에서 문을 잠그고 도망쳤다. 하지만 화장실 안에 갇힌 덕혜는 소리치거나 문을 열어 달라고 사정하지 않았다. 그저 선생님이 찾아와 문을 열어 줄 때까지 묵묵히 기다렸다.
 날이 갈수록 아이들의 괴롭힘은 집요해졌다. 잠깐 자리라도 비우면 책상과 의자를 교실 밖으로 내놓는가 하면 덕혜의 보온병을 슬쩍 밀어 넘어뜨리기도 했다. 흘러넘친 보온병의 물이 교실 바닥을 적셨다. 교실 밖에서 그 모습을 지켜보고 있던 복순이 교실 안으로 들어오려 했지만, 덕혜는 직접 걸레를 들고 와 교실 바닥을 닦았다.
 그 모습을 본 학생 하나가 깔깔거리며 덕혜를 놀려 댔다.
 "조선의 황녀가 걸레질을 하네."
 다른 학생들도 빈정거리는 말투로 말했다.
 "그러게 말이야. 걸레질을 잘하는 걸 보니 황녀가 아니라 하인인가 봐."
 "하루 종일 걸레질이나 하지 공부는 무슨 공부야! 안 그러니, 얘들아?"
 "맞아. 하하하."
 학생들은 선생님이 없을 때마다 주변을 맴돌며 집요하게 덕혜를 괴롭혔다. 하지만 덕혜는 그들이 어떤 행동을 하건 아무런 반응을 보이지 않았다. 이쯤 되면 제 아무리 조선의 황녀라 해도 태도를 꺾으리라 생각했는데 의연한 태도로 일관하는 덕혜의 모습에 학생들은 분노했다. 결국 그들은 덕혜를 화장실로

끌고 가 집단 구타를 했다.

"이 지독한 조센징."

"너희 나라로 꺼져 버려!"

"황녀라고 우리가 봐줄 줄 알아? 너 같은 건 맞아야 해!"

덕혜는 몸을 움츠린 채 비명을 참으며 아픔을 견뎠다. 온몸이 아파 왔지만 덕혜는 소리를 지르거나 반항하지 않았다.

'그래, 때려라. 마음껏 때려라. 그런다고 내가 너희에게 질 줄 아느냐. 내 몸이 산산이 조각나도 나는 조선의 황녀이니라. 내 가슴에는 너희에게는 없는 조선의 피가 흐른단 말이다.'

덕혜는 끝까지 눈물을 보이지 않았다. 더한 모멸을 당한다 할지라도 그들 앞에서 눈물을 보이고 싶지 않았다. 일본의 무력 앞에서 조선인이 얼마나 강하고 곧은지 똑똑히 보여 주고 싶었다.

'내가 당한 이 치욕을 되돌려 줄 날이 언젠가는 올 것이다. 반드시 그런 날이 올 것이다.'

아이들의 괴롭힘이 심해질수록 덕혜의 가슴속에는 눈물 대신 뜨거운 결의만이 가득했다.

하지만 시간이 흐를수록 덕혜의 몸과 마음은 점점 더 지쳐 갔다. 마음 둘 곳 하나 없고 가슴을 터놓을 이 하나 없는 삶. 덕혜는 홀로 멈춰 버린 시간 속에서 사는 듯했다. 마음이 텅 빈 듯 공허했고 그 자리엔 조선과 어머니에 대한 그리움이 감당할 수 없을 만큼 밀려들었다. 그런 날이면 덕혜는 영친왕을 찾았다.

"오라버니, 어머니를 뵙고 싶어요. 눈앞에서 어머니가 아른거려 아무 일도 못하겠어요."

덕혜의 그리움에 젖은 두 눈을 보며 영친왕은 침통함을 감추지 못했다. 한창 어머니의 사랑이 그리울 나이였다. 영친왕 역시 어린 나이에 일본에 끌려와 늘 궁에 계신 어머니 생각이 간절했다. 어머니를 그리워하다 지쳐 잠든 숱한 날들을 영친왕은 잊지 못했다.

영친왕은 이런 덕혜의 마음을 헤아려 일본 측에 사정해 며칠만이라도 덕혜가 조선에 다녀올 수 있도록 했다. 덕혜는 어머니를 만날 수 있다는 생각에 마음이 설레어 며칠 동안 잠을 이루지 못했다.

궁궐에 도착한 덕혜의 들뜬 마음과는 달리 궁궐 분위기는 한여름 장마처럼 축축하고 우울했다. 순종의 병세가 악화되어 곧 승하하실지도 모른다는 소문이 궁궐 안에 공공연하게 돌았다. 덕혜는 황급히 순종 황제를 찾아뵈었다. 소문은 사실이었다. 순종의 핏기 없는 얼굴과 마주한 덕혜는 망연한 마음을 감출 수 없었다. 두 사람 사이에는 말이 없었다. 언제 끊어질지 모르는 가느다란 숨소리만이 덕혜와 순종 사이를 오갈 뿐이었다.

덕혜는 순종을 알현한 후에, 양 귀인이 머무는 관물헌으로 향했다.

기별도 없이 덕혜가 왔다는 소식을 들은 양 귀인이 신발도 신지 못한 채 버선발로 옹주를 맞았다.

"마마, 이게 얼마만입니까. 어디 보아요."

그토록 그리워하던 어머니를 보자 호수처럼 잔잔하던 덕혜의 눈망울에서 눈물이 주르르 흘러내렸다. 그런 딸의 모습에 양 귀인도 어깨를 들썩이며 흐느꼈다. 그동안 옹주를 일본으로 보내고 멈춰 있던 시간이 다시 흐르는 것 같았다. 모녀는 서로의 얼굴을 어루만지며 하염없이 울기만 했다. 누구를 탓한들 무슨 소용이 있을까. 그저 눈물로 그동안의 그리움을 다 씻어 내려는 듯 한참 동안이나 서러운 눈물만 흘렸다.

오랜 기다림 끝에 어머니를 만났지만 덕혜에게 허락된 시간은 고작 일주일이었다. 다시 또 어머니를 두고 일본으로 돌아간다고 생각하니 마음이 무너져 내렸다.

"어머니, 저는 잘 지내고 있으니 제 걱정에 괜히 잠 못 이루지 마세요. 지난번보다 많이 야위신 것 같아요."

"마마를 멀리 보내고 어찌 제가 마음 편히 잘 수 있겠어요. 이렇게 가시면 언제 또 만날 수 있을까요."

"언젠가 좋은 날이 오겠지요."

덕혜의 말에 양 귀인은 입을 꼭 다문 채 고개만 끄덕였다. 덕혜는 한참 동안 물끄러미 양 귀인을 바라보았다. 어머니의 모습을 고스란히 자신의 눈 안에 담아 그리울 때마다 그 모습을 그리며 마음의 빈자리를 채울 참이었다.

언제가 다시 어머니의 품으로 돌아가리라, 마음속으로 다짐하며 덕혜는 차마 떨어지지 않는 발걸음을 힘겹게 떼었다.

9. 깊은 슬픔의 늪

 어둠이 깔린 관물헌 안은 적막했다. 황량한 빈 뜰에 한 무더기의 바람이 몰려다녔다. 덕혜는 누군가를 찾는 듯 이리저리 고개를 돌렸다.
 "옹주마마, 여기 있어요."
 어디선가 어머니의 목소리가 들려왔다.
 덕혜는 소리가 나는 쪽으로 고개를 돌렸지만 어머니의 모습은 보이지 않았다.
 "어머니, 어디 계셔요?"
 "옹주마마, 바로 뒤에 있어요."
 덕혜는 뒤를 돌아보았지만 여전히 어머니의 모습은 보이지 않았다. 덕혜는 불안한 듯 몸을 움츠렸다.

"어머니, 어머니."

덕혜는 어머니를 부르다 눈을 떴다. 온몸이 땀으로 흥건히 젖어 있었다.

근래 들어 덕혜의 꿈속에 어머니가 자주 나타났다. 조선에 다녀온 뒤로 덕혜의 향수병은 전보다 더 심해졌다. 언제 또 어머니를 만날 수 있을까. 언제 다시 조선 땅을 밟을 수 있을까. 눈만 뜨면 온통 그 생각뿐이었다.

그리움을 품고 산다는 게 이리도 고통스러울까. 덕혜에게는 하루하루가 더디게만 흘러갔다.

일본으로 돌아온 지 한 달도 안 되어 비통한 소식이 전해졌다.

"옹주마마."

"왜 그러느냐?"

소식을 전하는 복순이의 목소리가 가늘게 떨렸다.

"옹주마마, 순종 황제께서 승하하셨다 하옵니다."

"오, 오라버니. 흐흐흑."

덕혜는 그 자리에 주저앉고 말았다. 아바마마께서 돌아가신 후 전보다 더 살뜰히 덕혜를 돌보아 주시던 큰 오라버니였다. 그런 오라버니를 이제는 다시 볼 수 없다니 가슴 한구석이 도려 나가는 듯 아파 왔다.

 궁궐을 다시 찾은 덕혜는 밤낮으로 순종의 죽음을 애통해했다. 그러나 일본은 죽은 이와의 마지막 이별까지도 허락하지 않았다. 덕혜는 오라버니의 마지막 떠나는 길도 보지 못한 채 다시 일본으로 돌아가야 했다.

 덕혜는 나날이 더 깊은 슬픔 속으로 빠져들었다. 그 안에서 아무리 울부짖고 소리쳐도 어느 누구도 대답하지 않았다. 세상 그 누가 덕혜의 아픈 마음을 치유할 수 있을까. 그저 스스로 슬픔을 삭이는 것 외에는 달리 방법이 없었다.

 비통한 나날을 보내고 있던 어느 날, 신문을 넘기던 덕혜의 얼굴이 갑자기 얼음처럼 굳어졌다.
 "마마, 왜 그러십니까?"
 복순이 걱정스러운 눈빛으로 물었다.
 신문을 쥐고 있던 덕혜의 손이 부들부들 떨렸다. 덕혜는 믿을 수 없다는 듯 고개를 저었다.
 "결혼이라니. 당사자가 알지 못하는 혼례도 있단 말인가."
 덕혜는 깊은 한숨을 내쉬었다.
 그날 오후, 영친왕이 신문에 난 소식을 보고 급히 덕혜를 찾았다. 덕혜는 원망 어린 눈빛으로 영친왕을 맞았다.

"오라버니, 도대체 신문에 난 기사가 무엇입니까? 제가 결혼을 한다니요."

"지난번에 한창수가 네 혼례 문제로 다녀갔다. 내가 그리 말렸거늘 아마도 그자가……."

"도대체 그자가 뭔데 제 결혼 문제까지 관여를 한답니까?"

덕혜의 목소리가 날카롭게 울려 퍼졌다.

"오라버니, 이게 말이 되는 소립니까? 제가 일본 사람과 결혼을 하다니요! 전 그럴 수 없습니다."

"덕혜야."

"오라버니만으로도 충분하지 않습니까! 저를 일본 사람과 결혼시키겠다는 것은 조선 황족의 핏줄을 끊어 놓겠다는 속셈이 아닙니까!"

영친왕은 덕혜를 똑바로 쳐다보지 못하고 말없이 고개를 숙였다. 그러다 한참 후에야 비통한 심정으로 무겁게 입을 열었다.

"내가 너를 볼 면목이 없구나. 해 줄 수 있는 게 아무 것도 없다니, 그저 부끄럽구나."

"아닙니다. 아닙니다. 오라버니……."

덕혜는 쓰러지듯 영친왕의 가슴에 얼굴을 묻고 울었다. 눈물이 핼쑥한 볼을 적시며 하염없이 흘러내렸다.

1927년 4월, 순종 황제의 *서거 1주기를 맞아 덕혜는 영친왕 내외와 함께 궁에 들어갔다.

"어머니……."

다시 만난 양 귀인은 한눈에 보기에도 눈에 띄게 수척해진 모습이었다. 덕혜는 양 귀인의 손을 잡으며 떨리는 목소리로 물었다.

"어머니, 어디 편찮으셔요?"

"아닙니다. 마마께서 오신다기에 너무 설레어 밤잠을 이루지 못했습니다. 조금 피곤한 것뿐입니다."

"정말이셔요?"

양 귀인은 아무렇지도 않다는 듯 미소를 지으며 고개를 끄덕였다. 덕혜의 걱정스러운 얼굴을 본 양 귀인이 슬쩍 말을 돌렸다.

"마마, 못 본 사이 많이 고와지셨습니다. 어서 마마도 좋은 배필을 만나야 할 것인데."

"아닙니다. 전 아직……."

"이제 그럴 나이가 되셨습니다."

"그럼, 어머니께서 좋은 배필을 골라 주셔요."

"저는 그저 마음 넓고 사려 깊은 사람이었으면 좋겠습니다."

*서거 : 죽어서 세상을 떠남.

덕혜는 애써 밝은 표정으로 그저 고개만 끄덕일 뿐이었다. 일본에 의해 진행되고 있는 혼담 이야기는 가슴 깊은 곳에 꾹꾹 숨긴 채 꺼내지 않았다. 언젠가는 어머니도 알게 되겠지만 차마 그 자리에선 말할 수 없었다. 지아비를 잃고 자식까지 다른 나라로 떠나보내고 한없이 쓸쓸하게 지내는 어머니께 또 다른 슬픔까지 안겨 드릴 순 없었다.

여름을 달구는 매미 소리가 멈추고 낙엽이 떨어졌다. 매서운 추위를 몰고 온 겨울은 따뜻한 바람을 안고 온 봄에 자리를 내주었다. 세월은 그렇게 아무 일도 없었다는 듯 무심하게 흘러갔다.

1929년 5월 30일, 영친왕이 황급히 덕혜를 불렀다.

"오라버니, 무슨 일입니까? 일본 관료들과 식사하는 자리에 저도 함께 가야 합니까?"

"아니다. 그런 게 아니다."

"그럼 무슨 일입니까?"

영친왕의 눈동자가 힘없이 아래를 향했다. 덕혜는 불안했다.

순간, 덕혜의 머릿속에 어머니의 모습이 스쳐 지나갔다. 불길한 예감이 빗나가길 바라며 덕혜는 떨리는 목소리로 물었다.

"오라버니, 설마……."

"덕혜야, 양 귀인께서 운명하셨다."

말이 끝나는 것과 동시에 덕혜는 그 자리에 주저앉듯 쓰러지고 말았다.

"거기 아무도 없느냐! 아무도 없느냐!"

집 안에 있던 하인들이 황급히 달려와 쓰러져 있는 덕혜의 팔다리를 주물렀다.

"어떠하냐? 맥은 뛰고 있느냐?"

"예, 가늘긴 하지만 뛰고 있습니다."

한참 후에야 겨우 눈을 뜬 덕혜는 다시 소리 없이 기절하고 말았다. 깨어났다 기절하기를 몇 차례 거듭한 후 가까스로 덕혜는 정신을 차렸다.

"덕혜야, 이제 정신이 드느냐?"

덕혜는 힘없이 고개를 끄덕였다. 눈물이 의지와 상관없이 흘러내렸다. 차라리 깨어나지 않는 게 더 낫겠다는 생각이 들 만큼 크나큰 고통이 밀려왔다. 고국을 떠나 낯선 땅에서 맞이한 어머니의 죽음 앞에서 덕혜는 절망했다.

"어머니……."

덕혜는 사무치게 그리운 어머니를 부르며 소리 없이 흐느꼈다.

5월의 마지막 날, 덕혜는 창덕궁으로 향했다. 짙은 그늘이 드리운 덕혜의 얼굴은 너무나 초췌해 보기가 민망할 정도였다. 덕혜는 넋이 나간 사람처럼 그저 먼 하늘만 바라보았다.

"옹주, 이 슬픔을 어찌하오."

순종의 부인인 순정효황후가 덕혜를 위로했다. 그러나 그 어떤 위로도 덕혜의 슬픔을 감싸 주진 못했다.

양 귀인의 빈소에 도착한 덕혜는 눈물을 흘리지 않았다. 홀로 감당하기에는 슬픔이 너무 큰 탓인지 덕혜는 눈물조차 흘리지 못했다.

"어머니, 어머니."

먹먹한 가슴을 부여잡고 계속 어머니만 되뇌일 뿐이었다.

괴로운 시간은 거기서 끝나지 않았다. 덕혜를 더욱 힘들게 한 건 상복 문제였다. 일본은 양 귀인이 왕족이 아니라는 이유로 덕혜에게 상복조차 입지 못하게 하였다. 자식 된 도리로 상복을 입고 어머니의 마지막 가시는 길을 지키는 게 당연한 일인데 일본은 그마저도 허락하지 않았다.

"마마, 어찌 이런 일이 있을 수 있단 말입니까? 옹주마마."

아랫사람들은 머리를 조아리며 몸 둘 바를 몰라 했다. 덕혜는 더 이상 분노도 슬픔도 드러내지 않았다. 그저 모든 것을 체념한 듯 한숨만 내쉬었다.

"소리치고 화를 낸들 그게 다 무슨 소용이더냐. 피도 눈물도 없는 자들이거늘……."

덕혜는 일본으로 돌아오자마자 겨울잠을 자는 짐승처럼 방 구석에 웅크려 밖으로 나오지 않았다. 한여름에도 두꺼운 솜이불을 뒤집어쓰고 아예 말문을 닫아 버렸다.

밤에도 잠을 이룰 수 없었다. 낮이건 밤이건 고작 하는 일이란 창밖을 멍하니 바라보는 것이 전부였다.

"난 이제 어찌 살까."

혼잣말인 듯 덕혜가 중얼거렸다. 사랑하는 사람들을 떠나보낸 덕혜의 마음은 그저 막막하기만 했다. 턱 끝까지 차오르는 슬픔으로 숨을 쉬는 것조차 힘겨울 지경이었다. 덕혜의 몸과 마음은 세월의 속도보다 더 빨리 지쳐 갔다. 시도 때도 없이 끙끙 앓아누웠고 먹는 음식을 받아들이지 못하고 모두 게워 냈다.

하늘에 구멍이 뚫린 듯 장대비가 퍼붓던 어느 날, 덕혜가 갑자기 사라졌다.

"옹주마마. 어디 계시옵니까?"

복순이 집 안 구석구석을 다 찾아봤지만 덕혜는 보이지 않았다. 복순은 이 사실을 영친왕에게 알리고 하인들과 덕혜를 찾아 나섰다.

"옹주마마!"

동네를 샅샅이 뒤졌지만 덕혜의 모습은 보이지 않았다. 빗줄기는 멈출 기미도 없이 점점 더 거칠게 쏟아졌다.

영친왕은 속이 타들어 갔다. 마당 앞에서 서성거리며 불안한 듯 계속해서 밖을 내다보았다.

복순이 발을 동동 구르며 울먹거렸다.

"도대체 어디 계십니까? 옹주마마."

그때 저 멀리서 걸어오는 덕혜의 모습이 보였다. 얼마나 오랫동안 비를 맞았는지 머리부터 발끝까지 젖은 상태였다. 우산도 없이 동네를 벗어나 신작로까지 나갔다 돌아온 모양이었다.

"마마, 이게 어찌 된 일입니까?"

"……."

신발은 어디다 놓고 왔는지 덕혜는 맨발로 땅을 딛고 서 있었다. 복순이 얼른 신발을 벗어 덕혜에게 신겼다.

"마마, 이러다 큰일 나십니다. 어쩌자고 이러십니까?"

덕혜는 풀린 눈동자로 멍하니 복순을 바라볼 뿐 아무런 말이 없었다.

그 후로도 그런 일이 자주 있었다. 귀신에 홀린 것처럼 덕혜는 여기저기를 헤매고 다녔다. 밤에 잠자리에 들었다가도 갑자기 잠옷 바람으로 뛰쳐나가 복순이가 다시 붙들어 오기도 수차

례였다.

얼마나 괴로웠으면 저리할까 이해도 됐지만 영친왕은 더 이상 덕혜를 두고만 볼 수 없었다. 병이 더 깊어지기 전에 빨리 수를 써야 했다.

"덕혜야, 안 되겠다. 병원에 가자꾸나."

덕혜는 아무런 저항 없이 순순히 영친왕을 따랐다.

병원에서 의사는 의외의 진단을 내렸다.

"조발성 치매입니다. 일종의 정신병이라 할 수 있죠."

"그게 무슨 말입니까? 정신병이라니요? 그럴 리가 없습니다. 덕혜가 얼마나 총명하고 영특한 아이인데…… 그럴 리가……."

"스트레스와 정신적인 충격으로 마음의 병이 생긴 것 같습니다."

쉬지 않으면 안 될 정도로 몸과 마음이 많이 쇠약해졌다는 의사의 말에도 덕혜는 놀라지 않았다.

집으로 돌아와 영친왕은 덕혜의 손을 잡으며 말했다.

"덕혜야, 오이소 별장에서 잠시 쉬고 오너라. 자연과 벗 삼아 쉬다 보면 몸이 좀 나아지지 않겠니?"

덕혜는 말없이 그저 고개만 끄덕였다. 복순은 서둘러 덕혜의 옷가지와 필요한 것들을 챙겨 짐을 꾸렸다. 그런데 어찌된 일인지 덕혜는 따라나서려는 복순을 말렸다.

"혼자 다녀올게."

"마마, 제가 어찌 마마를 그곳에 홀로 가시게 한답니까?"

덕혜는 더 이상 아무 말도 하지 않았다. 그저 지금 겪고 있는 이 모든 것을 다 내려놓고, 이 순간을 벗어나고 싶은 마음뿐이었다.

복순은 서운한 마음에 훌쩍이며 작별 인사를 고했다.

"마마, 그럼 부디 얼른 나아서 돌아오셔요."

덕혜는 간호사 한 명과 함께 오이소 별장으로 떠났다. 그곳에서 몸이 어느 정도 회복되어 집으로 돌아왔지만 덕혜를 기다리고 있는 것은 고통스러운 소식뿐이었다. 덕혜가 별장에서 몸을 추스르는 사이, 일본은 예정대로 덕혜의 결혼을 추진했다. 일본이 정해 놓은 남편감은 대마도 번주의 아들 소 다케유키였다. 황족인 덕혜 옹주의 남편감이라 하기에는 어울리지 않는 사람이었다.

"그래, 그들은 내가 어찌 되든 별 관심이 없지. 오직 내 나라 조선의 흔적을 없애는 게 목적이겠지."

덕혜는 일본의 만행에 치를 떨었지만 누구도 잔인한 운명을 바꿀 수는 없었다.

결혼식 전날, 덕혜가 복순을 불렀다.

"복순아, 이제 내일이면 나는 일본인의 아내가 되는구나."

덕혜의 말 한 마디, 한 마디에 슬픔이 묻어 있었다. 덕혜는 고되게 일하느라 거칠어진 복순의 손을 마주 잡았다.

"이곳 생활이 힘들었지만 그래도 네가 있어 큰 위안이 되었다."

"황공하옵니다."

"복순아, 나는 네가 참 부럽구나."

"부럽다니요. 미천한 제가 무엇이 부럽단 말씀이세요?"

덕혜의 두 눈에 슬픔이 가득했다.

"차라리 나도 너와 같은 신분으로 태어났다면 이리 고통스럽진 않을 것을……."

"어찌 그런 말씀을 하시옵니까, 마마."

복순은 서러운 눈물을 삼켰다.

"언제가 인연이 닿으면 다시 만날 것이다. 그때까지 부디 몸조심하여라."

"예, 마마."

복순은 호주머니에게 무언가를 꺼내 덕혜에게 내밀었다.

"마마, 이것을 받으시옵소서."

"이게 무엇이더냐?"

"제가 틈틈이 만든 복주머니입니다. 이 복주머니가 저를 대신해서 마마를 지켜 드릴 것입니다."

"그래, 고맙구나. 우리의 인연도 오늘이 마지막이구나."

"옹주마마."

"내 너를 잊지 않을 것이다."

덕혜는 복순의 손을 더욱 세게 잡았다. 복순이는 고개를 숙인 채 훌쩍거렸다. 곁에서 모시지 못하고 헤어져야 하는 것이 못내 서러워 한참 동안이나 눈물을 그치지 못했다.

그렇게 밤은 지나가고 결혼식 날이 밝아 왔다.

덕혜와 소 다케유키의 결혼식은 화려하지 않았다. 하객이라 해 봐야 50명이 채 되지 않았다. 한 나라 황녀의 결혼식이라 하기에는 너무나 초라하고 쓸쓸했다.

덕혜는 결혼식 내내 표정이 어두웠다. 혹시나 조선에서 건너온 반가운 얼굴이 있지나 않을까 주위를 둘러보았지만 조선 황실의 가족이나 친척들이 초대받지 못한 탓에 아는 얼굴은 하나도 없었다.

'아바마마, 저를 이대로 보내시렵니까?'

가장 행복해야 할 신부가 슬픔이 가득한 얼굴로 하늘을 올려다보았다. 하늘은 아무 일도 없다는 듯 고요했다. 이제 아무도 결혼을 막아설 사람은 없었다. 덕혜는 고개를 떨어뜨린 채 서러운 눈물을 흘렸다.

저 앞에서 예복을 입은 다케유키가 어서 오라 손을 내밀었다. 덕혜는 차마 떨어지지 않는 발길을 힘겹게 옮겨 한 걸음, 한 걸음 다케유키를 향해 걸어갔다.

'저 손을 잡는 순간, 나는 일본인의 아내가 되는구나.'

덕혜는 자꾸만 뒤를 돌아보며 시간을 멈추려 했지만 그 누구도 덕혜를 붙들어 주지 않았다. 결국, 덕혜는 흐르는 눈물을 삼키며 다케유키의 손을 잡았다.

가장 성대하고 화려하게, 온 백성들의 축복을 받으며 치러져야 할 황녀의 결혼식이 일본의 작은 마을에서 쓸쓸하게 치러졌다. 덕혜는 사랑도, 결혼도 스스로 선택할 수 없었다. 그것이 나라를 잃은 황녀의 가슴 아픈 운명이었다.

1931년 5월 8일, 그렇게 조선의 황녀는 일개 일본인 백작의 아내가 되고 말았다.

10. 가슴 시린 시간들

"뜻하지 않는 결혼이라는 거 잘 아오. 하지만 이제부터 우린 부부요."

"……."

다케유키의 말에 덕혜는 아무런 대답이 없었다. 그의 모든 것이 낯설고 역겹게 느껴졌다.

'조선의 모든 것을 빼앗아간 일본의 피가 흐르는 사람이 아니던가.'

덕혜의 가슴속엔 수치심과 분노만이 가득했다.

"비록 폐망한 나라이지만 당신은 조선의 황녀가 분명하오. 그런데 일개 대마도 번주의 아들인 내게 시집을 왔으니 얼마나 억울하고 답답하겠소. 당신이 마음을 열 때까지 천천히 기다리 겠소."

다케유키의 말이 끝나기 무섭게 덕혜가 독기로 가득 찬 말투로 쏘아붙였다.

"폐망이라니요! 조선은 아직 살아 있습니다! 나와 우리 백성들이 살아 있는데 폐망이라니요!"

"당신도 피해자이지만 나 또한 피해자요. 내가 이 결혼을 원했겠소? 황국의 신민으로서 황실의 부름을 거역할 수 없었소."

다케유키가 억울하다는 듯 덕혜에게 호소했다.

'당신이 피해자라고? 당신네 나라 때문에 우리 백성들이 얼마나 많은 고통과 수모를 당하며 사는지 정녕 알고서 하는 소리인가?'

차마 내뱉지 못한 말이 목구멍까지 차올랐다. 덕혜는 입 밖으로 튀어나오려는 말을 가까스로 삼켰다. 그렇게 말한들 무슨 소용이 있을까 생각하니 그저 한숨밖에 나오지 않았다. 앞으로 어찌 살아가야 할지 앞날이 암담할 뿐이었다.

다음 날 밖에서 들려오는 새소리에 덕혜는 눈을 떴다. 창을 통해 햇살이 비스듬히 들어온 걸로 봐서는 늦잠을 잔 듯했다. 밤새 방 한쪽에 쪼그려 앉아 있다가 새벽녘에 자기도 모르게

잠이 든 모양이었다.

"복순아."

덕혜는 손으로 머리를 쓸어 올리며 복순을 불렀다.

하지만 덕혜의 목소리에 문을 열고 나타난 것은 복순이가 아니었다.

"일어나셨습니까?"

그제서야 덕혜는 자신이 일본인과 결혼했다는 사실을 새삼 깨달았다. 아니, 어쩌면 이 모든 일이 모두 꿈이었길 바랐는지도 몰랐다.

"주인님께서 저 옷으로 갈아입으시랍니다."

하인이 나긋한 목소리로 방 윗목을 가리켰다. 거기에는 붉은 빛이 감도는 기모노가 얌전히 놓여 있었다.

덕혜는 짧은 한숨을 내쉬며 기모노를 바라보더니 옷장에서 원피스 양장을 꺼내 들었다.

기모노. 그 옷은 덕혜가 처음 입는 옷도 아니었다. 어린 시절 히노데 소학교에 다닐 때부터 수도 없이 입었던 옷이었다. 그런데 지금은 기모노를 입을 수 없었다. 그 옷을 입는 순간 조선의 황녀임을 포기하고 스스로 일본인의 아내임을 인정하는 것과 같았다.

잠시 후 다케유키가 방으로 들어왔다. 덕혜의 모습을 본 다케유키의 얼굴이 평정심을 잃고 일그러졌다. 자신의 성의가 무시당한 것 같아 서운하고 불쾌한 마음이 얼굴에 그대로 드러났다.
"왜 기모노를 안 입고 그 옷을 입었소?"
"……"
"이제는 기모노에 익숙해져야 하오. 알겠소?"
"싫습니다. 누구도 나에게 이 옷을 입으라 강요할 순 없습니다."
"이건 강요가 아니오."
다케유키는 물러나지 않은 채 이어 말했다.
"이제 당신은 일본인의 아내요. 기모노를 입는 건 당연한 일이란 말이오."
그 말에 덕혜는 다케유키를 향한 분노를 여과 없이 드러냈다.
"당연한 일? 내 비록 일본인의 아내가 되었지만 나는 여전히 조선 사람입니다. 그런데 기모노를 입는 게 어찌 당연하단 말입니까?"
"지금은 이 모든 것을 받아들이기 힘들겠지만 당신도 조금씩 변할 거라 나는 믿소."
덕혜는 피가 거꾸로 솟는 듯했다. 변하고 싶지 않았다. 아니, 변할 수 없었다. 조선의 황녀로 태어나 그만큼 수모를 당했으면 되었다고 생각했다.

덕혜는 두리번거리며 무언가를 찾았다. 서랍 안에서 가위를 꺼내 든 덕혜는 기모노를 집어 들어 인정사정없이 가위질을 해 댔다.

갈기갈기 찢겨지는 기모노를 보며 다케유키는 기가 막힌 듯 입을 벌렸다.

"지금 뭐하는 짓이오! 왜 멀쩡한 옷을 찢는 것이오."

다케유키는 덕혜의 손에서 기모노를 빼앗으려 했다. 그러나 이번에는 덕혜도 물러서지 않았다. 옷을 빼앗기지 않으려 안간힘을 쓰며 소리쳤다.

"이깟 기모노 하나 찢는 게 뭐 그리 대수라고 난리세요. 당신들은 우리 조선의 몸과 마음을 갈기갈기 찢어 놓지 않았습니까."

"왜 이러오? 제정신이오?"

"어찌 내가 온전한 정신으로 살아갈 수 있겠어요! 그러니 제발 나 좀 내버려둬요! 제발!"

더 이상 물러날 곳이 없다는 듯 발악하며 소리치는 덕혜를 보며 다케유키는 아무 말도 하지 못했다. 결국 다케유키는 기모노를 잡고 있던 손을 서서히 풀었다.

기모노 사건 이후, 덕혜의 낯빛은 점점 더 어둡게 변해 가고 있었다. 덕혜가 다케유키를 포함하여 집 안의 사람들과 눈을

마주치거나 말을 하는 일은 극히 드물었다.

덕혜는 불도 켜지 않은 채 방 한구석에 쪼그려 앉아 종일 밖으로 나오지 않았다.

"여보, 햇볕이 아주 좋소. 밖으로 나와 보시오."

다케유키가 부드럽게 말했지만 이미 마음의 문을 닫아 버린 덕혜에게 그 말이 들어올 리 없었다.

덕혜는 한숨을 내쉬며 나지막이 중얼거렸다.

"백성들이 나를 어찌 생각할까. 조선의 황녀가 나라를 빼앗은 원수의 나라에 와서 일본식 교육을 받고 일본인과 결혼을 하고……. 아니, 어쩌면 그들은 이미 나를 잊었는지도 모르지."

오후가 되어서야 덕혜는 자기만의 성에서 빠져나왔다. 줄곧 어두운 곳에만 있어서인지 오랜만에 보는 햇빛이 낯설었다.

덕혜는 꽃이 활짝 핀 정원으로 향했다. 바람결에 살랑살랑 움직이는 꽃들이 마치 서로 재미난 이야기를 주고받으며 웃는 듯했다.

덕혜는 옅은 미소를 지으며 울긋불긋 붉게 물든 꽃나무 앞에 쪼그려 앉았다.

"참 곱기도 하지."

진한 꽃향기가 덕혜의 가슴 깊은 곳으로 스며들었다. 불현듯 부용정에 흐드러지게 핀 꽃들이 떠올랐다.

"이때쯤이면 얼마나 고울까. 내가 나비라면 훨훨 날아갈 텐데. 가고 싶다, 조선."

그저 생각일 뿐 결코 이뤄질 수 없는 일이었다. 덕혜는 날개 잃은 나비와도 같았다. 날개가 있다고 한들 어찌 맘대로 움직일 수 있단 말인가.

"그래, 이제 난 자유로운 몸이 아니지. 일본인의 아내가 되었는데……."

스스로를 비웃는 듯한 웃음을 지으며 덕혜는 무거운 공기로 가득한 집 안으로 다시 발길을 옮겼다.

방으로 들어온 덕혜는 방 안 가득 발 디딜 틈도 없이 조선의 물건들을 늘어놓았다. 아바마마께서 즐겨 읽으셨던 책이며 어머니가 주셨던 노란 나비 떨잠과 비단옷까지. 조선의 숨결이 묻어 있는 건 모조리 꺼내 놓았다. 그런 것들이라도 눈앞에 보여야 마음속 가득 찬 그리움들을 조금이나마 달랠 수 있을 것 같았다.

"이게 다 뭐요?"

방 안에 너저분하게 흐트러진 물건들을 보며 다케유키는 언짢은 듯 짜증을 냈다. 덕혜는 다케유키의 물음에도 아무런 반응을 보이지 않았다.

다케유키도 더 이상 묻지 않았다. 얼마나 그리움이 사무치면 저리할까, 측은한 마음으로 덕혜를 바라보았다. 이해해야 한다,

받아들여야 한다, 스스로 달래며 다케유키는 조용히 방에서 나왔다.

그날 밤 다케유키는 잔뜩 술에 취한 채 집으로 돌아왔다. 다케유키는 쓸쓸함이 묻어 나는 목소리로 덕혜에게 말했다.

"여보, 내 속이 얼마나 답답한지 아오? 나는 당신에게 다가가려 노력하는데 왜 당신은 달아나기만 하는 것이오. 우리도 여느 부부처럼 행복해질 순 없는 거요?"

"……."

"그 문을 좀 열어 주시오. 내가 더 노력할 테니 제발……. 어찌됐든 당신과 나는 하나고 당신은 내 아내……."

다케유키의 눈동자가 서서히 풀리더니 말을 끝맺지 못한 채 바닥에 쓰러지고 말았다.

덕혜는 착잡한 심정으로 다케유키를 내려다보았다. 문득 예전에 다케유키가 했던 말이 떠올랐다.

'당신도 피해자이지만 나 또한 피해자요. 나도 어쩔 수 없이 당신과 결혼을 했단 말이오.'

나를 만나지 않았다면 이 사람도 행복해질 수 있었을 텐데, 괜히 나를 만나 이런 마음고생을 하나 싶어 덕혜의 마음은 쓸쓸해졌다.

세월은 무심히 흘러갔다. 여름이 지나고 산머리에서부터 시작된 단풍이 불이 번지듯 순식간에 아래쪽으로 내려왔다.
말쑥한 양복 차림의 다케유키가 다정한 목소리로 말했다.
"여보, 그곳은 날씨가 쌀쌀할지 모르니 두꺼운 옷으로 입으시오."
"예."
"전에 보니 갈색 모자가 당신한테 참 잘 어울렸소."
덕혜는 말없이 갈색 모자를 집어 가방에 넣었다. 마당에서 자동차 시동을 거는 소리가 들려왔다. 덕혜와 다케유키는 하인들의 배웅을 받으며 집을 나섰다. 신혼여행을 대신해 대마도로 향하는 길이었다.
"대마도는 나에겐 쓸쓸한 기억들이 머물러 있는 곳이리오."
"쓸쓸한 기억이라니요?"
다케유키는 차창 밖으로 누렇게 익어가는 들판을 바라보더니 잠시 생각에 잠긴 듯 눈을 감았다.
잠시 후 다케유키가 나지막이 말했다.
"내가 대마도로 건너갔을 때가 열한 살이었소. 원래는 도쿄에서 살았는데 아버지가 돌아가신 후 어머니의 품을 떠나 대마도 번주의 양자가 된 것이오."
덕혜는 아무 말 없이 다케유키의 이야기를 듣고만 있었다.

"양부모님은 좋은 분이셨소. 부족한 것 없이 풍족한 생활을 했지만 내 마음은 늘 텅 빈 듯 쓸쓸했지. 아마도 그 시절에는 어머니가 많이도 그리웠던 것 같소. 학교 수업이 끝나면 바닷가로 달려가 어머니를 목 놓아 불렀다오."

덕혜는 살며시 고개를 돌려 우수에 젖은 그의 얼굴을 바라보았다. 이 사람의 가슴도 그리움으로 가득하구나 하는 생각에 덕혜는 왠지 모를 연민을 느꼈다.

대마도의 이즈하라 항에 도착하자, 그곳에 사는 사람들이 덕혜와 다케유키를 열렬히 환영해 주었다. 그곳 사람들은 조선의 황녀가 대마도를 방문했다는 사실에 큰 관심을 보였다. 사람들은 친절하고 소박했다. 덕혜와 다케유키는 그들과 이야기도 나누고 함께 식사도 하며 시간을 보냈다.

다음 날 덕혜와 다케유키는 코스모스 길을 따라 작은 언덕 위에 올랐다.

"이 위에서 바다를 내려다보니 답답했던 가슴이 좀 뚫리는 것 같지 않소?"

덕혜는 대답 대신 고개를 끄덕였다. 정말이지 다케유키의 말대로 *현해탄을 건너온 저 바람이 가슴을 뚫고 지나가는 듯 시

---

*현해탄 : 우리나라와 일본의 규슈 사이에 있는 바다.

원했다. 아, 이 바람은 어디서부터 시작된 걸까. 조선을 지나온 바람이 아닐까.

"여보, 언제 날씨가 좋은 날에 다시 한 번 이곳에 오도록 합시다. 맑은 날은 바다 건너 조선 땅이 보이기도 한다오."

조선이라는 말에 가슴 떨렸지만 덕혜는 애써 태연한 척 덤덤하게 대답했다.

"그렇군요."

"그렇소. 다음에 또 오도록 합시다."

"그렇게 말해 주시니 고맙습니다."

시간이 지날수록 흘러내리는 물결에 모난 바위가 조금씩 깎여 나가듯 다케유키의 진심이 덕혜의 마음을 흔들기 시작했다.

대마도에서 돌아오던 배 위에서 다케유키가 덕혜에게 넌지시 손을 내밀었다. 잠시 망설이던 덕혜는 그가 내민 손을 뿌리치지 않고 살포시 잡았다.

감히 누구도 들어갈 수 없었던 철옹성 같은 덕혜의 마음속으로 다케유키가 조금씩 스며들었다. 아버지와 어머니를 잃고 복순이와도 헤어진 덕혜는 일본 땅에서 철저히 혼자였다. 하지만 시간이 지나면서 닫혀 있던 덕혜의 마음도 조금씩 열리기 시작했다.

대마도 여행을 마치고 돌아온 덕혜는 겨울 동안 평온하게 지냈다. 방에서 책을 읽기도 하고 가끔씩은 화선지에 매화를 치기도 했다. 다케유키에 대한 경계도 많이 허물어졌다.
"여보, 차 한 잔 드시오."
"예."
향을 음미한 후, 덕혜는 소리가 나지 않게 차를 마셨다.
"어떻소? 괜찮소?"
"예. 향이 참 좋습니다."
덕혜는 다케유키와 마주앉아 차를 마시며 이런저런 이야기를 나누었다.
우웁. 그런데 갑자기 덕혜가 헛구역질을 했다.
"여보, 왜 그러오? 차가 입에 맞지 않소?"
"그게 아니라 체한 것인지 속이 답답한 게……."
말을 채 끝맺기도 전에 다시 또 헛구역질이 나왔다.
"괜찮소? 혹시, 당신 아이를 가진 거 아니오?"
그는 기대에 찬 눈빛으로 조심스레 물었다.
"……."
덕혜는 아무 말도 하지 않았다.
심란하고 복잡한 덕혜의 마음과는 달리 다케유키의 표정은 환해졌다. 아직 정확하지도 않은데 임신이 마치 이미 정해진 일인 냥 다케유키는 감격에 겨운 목소리로 말했다.

"아기가 분명하오. 이제 우리에게도 아이가 생긴 것이오."

덕혜도 말은 하지 않았지만 며칠 전부터 음식만 보면 자꾸 헛구역질이 나고 명치끝이 답답한 게 임신이 아닐까 생각하던 터였다.

"여보, 어서 병원부터 가 봅시다. 어서요."

아기가 생긴다는 것은 덕혜도 미처 생각하지 못한 일이었다.

'이 아이를 낳아도 되는 것일까.'

덕혜는 혼란스러운 마음에 깊은 한숨만 내쉬었다.

11. 정혜와
    마사에

    영영 멈춰 있을 것만 같았던 시간이 흐르고, 덕혜와 다케유키 사이에서 딸아이가 태어났다. 아이의 웃음소리가 퍼지자 고요하기만 하던 집 안에도 생기가 돌았다. 아기를 어르는 소리가 노랫가락처럼 흥겹게 들렸다.

    덕혜의 얼굴에도 모처럼만에 웃음꽃이 피었다. 아이의 초롱초롱한 눈망울을 보고 있노라면 세상의 모든 시름이 사라진 듯했다. 하지만 그러다가도 어느 순간 눈앞에 어른거리는 그리운 사람들 생각에 눈시울이 붉어지곤 했다.

    '아바마마와 어머니께서 살아계셔서 내가 낳은 이 아이를 봤다면 얼마나 좋았을까.'

    아이의 얼굴에 자꾸만 그리운 이들의 얼굴이 겹쳐 보여 덕혜의 마음은 혼란스럽기만 했다.

아이가 태어난 뒤로 덕혜의 몸은 갈수록 쇠약해졌다. 집 안의 하인들이 덕혜에게 더 신경을 썼지만 그리 달라지진 않았다. 덕혜는 아이에게만 반응을 보일 뿐 어느 때는 정신을 놓은 듯 사람들의 말에 전혀 반응하지 않을 때가 많았다.

포근한 햇살을 맞으며 아이와 한가로운 시간을 보내던 덕혜 앞에 다케유키가 기분 좋은 웃음을 지으며 다가왔다.
"여보, 마사에가 어떻소? 우리 아기 이름말이오."
"그래요. 그렇게 하세요."
덕혜는 건성으로 대답했다. 어차피 조선 이름이 아니면 무엇이라 부르건 덕혜에게는 의미가 없었다. 덕혜는 아기 등을 토닥거리며 아이의 얼굴로 시선을 돌렸다. 아이의 얼굴을 보며 희미한 미소를 짓던 덕혜가 입을 열었다.
"마사에라는 이름이 참 귀엽고 예뻐요."
"그래요? 난 당신이 별로라 생각하는 줄 알았소."
"아니에요. 그런데 다른 이름을 하나 더 지어 주면 어떨까요?"
"그게 무슨 소리요?"
"조선 이름을 지어 주고 싶어요."
순간, 다케유키의 얼굴이 잠시 굳어졌다가 평정을 되찾았다.

"그래요. 뭐 좋은 이름이라도 있소?"

"예전부터 생각을 해놓은 이름이 있어요. 정혜 어때요? 내 이름자 하나를 따고 바르게 자라라고 정혜."

"내 생각이 뭐가 중요하겠소. 당신 마음에 들면 그렇게 하시오."

"그리고 하나 더 부탁이 있습니다. 집에서만큼은 당신도 내 딸에게 정혜라고 불러 주세요."

"그게 무슨 소리요? 아이가 자라면서 혼란스러워할 거라는 생각은 하지 않았소?"

"부탁드릴게요."

다케유키는 입술을 깨물며 고개를 저었다.

"그렇게 할 순 없소. 조선 이름을 짓는 것까진 이해하지만 그 이상은 곤란하오. 나는 내 방식대로 부를 것이오."

부드러운 사람이긴 하나 고집이 강한 사람이었다. 다케유키는 덕혜와 시선을 마주치지 않고 밖으로 나가버렸다.

다케유키가 쉽게 허락하지 않을 거라는 걸 덕혜는 알고 있었다. 그럼에도 정혜라 불러 달라고 부탁한 건 이 아이를 조선의 딸, 정혜로 키우겠다는 자신의 의지를 보여 주고자 한 것이었다.

"정혜야, 이제 너도 조선 이름이 생겼어. 우리 정혜. 정혜는 엄마 딸."

 다케유키와 결혼을 하면서 조선으로 돌아갈 길이 더 아득해진 덕혜에게 정혜는 유일한 등불이자 살아가는 이유였다. 무슨 일이 있어도 이 아이만은 놓을 수 없었다. 덕혜는 정혜라는 이름을 자꾸만 되뇌었다.

 정혜는 세월보다 더 빨리 자랐다. 자박자박 걸어 다니는가 싶더니 금세 뛰어다니고, 해가 바뀔 때마다 키도 한 뼘씩 쑥쑥 자랐다.
 아이의 행동 하나하나, 말 한 마디에 덕혜의 얼굴엔 조금씩 웃음이 스며들었다. 무럭무럭 자라는 정혜를 바라보고 있노라면 어김없이 어머니가 떠올랐다.
 '나를 떠나보내고 어머니 마음이 어떠하셨을까? 나를 보내고 병이 더 깊어지신 게지. 어머니, 벌써 이 아이가 이렇게 자랐어요. 어딘가에서 보고 계시죠?'
 그리운 어머니 생각에 덕혜의 눈시울이 붉어졌다.
 덕혜의 건강 상태는 시간이 지나도 그리 나아지지 않았다. 하지만 덕혜는 틈이 나는 대로 정혜를 곁에다 두고 조선의 글과 정신을 가르치려 애썼다.
 "정혜는 한글로 이렇게 쓰는 거야. 엄마가 써 놓은 것을 보면

서 한번 써 보렴."
　정혜는 한 자, 한 자 마음속에 새기듯 신중하게 글씨를 썼다.
"반듯반듯 잘 썼구나. 우리 정혜 참 잘하네."
"어머니, 정말로 잘했어요?"
"그래. 기특하기도 하지."
　덕혜는 정혜의 보드라운 볼을 어루만지며 물었다.
"정혜는 누구 딸?"
"조선의 황녀이신 어머니의 딸이지요."
　세상 모든 사람들이 다 몰라 줘도 정혜가 자신을 알아주고 위해 준다면 덕혜는 그 무엇도 바랄 게 없었다. 정혜와 함께 있으면 그동안 받았던 숱한 모욕과 수모도 다 잊을 수 있을 것 같았다.
　덕혜는 자신을 잘 따르는 정혜가 고맙고 기특해 간직하고 있던 소중한 것을 내밀었다. 그것은 어머니가 남겨 주신 장신구였다.
"아, 예쁘다."
　장신구를 본 정혜의 두 눈이 반짝거렸다.
"어머니, 이건 뭐예요?"
"떨잠이란다."
　정혜는 신기한 듯 떨잠을 이리저리 만지작거렸다.

"그런데 어머니, 이건 어디에 쓰는 거예요?"

"궁중 여인들이 머리에 꽂는 장신구란다. 조선에 가면 아직도 떨잠을 한 여인들이 있을지 모르겠구나."

"조선에는 이렇게 예쁜 것들이 많아요?"

"물론이지."

"어머니, 꼭 가고 싶어요. 조선에 가 보고 싶어요."

"그래. 정혜야, 꼭 가자꾸나. 내 너를 데리고 반드시 조선으로 갈 것이다."

정혜가 자랄수록 조선으로 가고픈 덕혜의 마음은 점점 강해졌다. 그러나 내심 불안한 마음이 들기도 했다. 정혜가 조금 더 자라 스스로 생각을 할 나이가 되면 조선인 어머니와 일본인 아버지 사이에서 혼란스러워할 것이 분명했다. 그런 순간이 오기 전에 하루라도 빨리 정혜를 조선으로 데려가야 했다.

덕혜는 다케유키가 외출하는 날이면 어김없이 정혜를 불러 앉혀 놓고 황실 예법을 가르쳤다. 하나라도 더 많이 조선에 대해 가르쳐 주고 싶었다.

"정혜야, 양손을 이마에 살짝 갖다 대고 허리를 꼿꼿이 세운 다음 그대로 무릎을 굽히면 돼. 그렇지, 그렇게……."

"어머니, 이렇게요?"

"그래. 우리 정혜가 이젠 제법 절을 잘하는구나."

정혜는 덕혜의 말에 곧잘 따랐다. 그러다가도 다케유키가 집에 들어오면 정혜는 어머니에게 예법을 배우는 걸 멈추고 언제 그랬냐는 듯 다케유키 앞에서 재롱을 피웠다. 조선의 글과 황실의 예법을 배우는 것을 다케유키가 못마땅하게 생각한다는 걸 잘 알기 때문이었다. 덕혜는 정혜가 부모의 눈치를 본다는 사실이 못내 가슴 아팠지만 그렇다고 정혜를 일본 아이로 키울 수는 없었다. 정혜는 덕혜에게 이 세상 그 무엇과도 바꿀 수 없는 유일한 존재이자 자신의 분신과도 같았다.

세월은 한순간도 쉬지 않고 흐르는 강물처럼 유유히 흘러갔다. 아이는 세월의 강물을 먹고 무럭무럭 자랐다. 언제까지나 젖먹이 아이일 줄 알았던 정혜가 어느덧 자라 학교에 다니게 되었다.

"정혜야, 너 얼굴이 왜 그러니?"

학교에서 돌아온 정혜의 얼굴이 하얗게 질려 있었다.

"학교에서 무슨 일이 있었니?"

정혜는 덕혜의 눈을 피한 채 고개를 돌렸다.

"정혜야, 말을 해야 엄마가 알지. 응?"

정혜는 금방이라도 울음을 터뜨릴 것 같았다. 덕혜가 손을 뻗어 얼굴을 만지려 하자 정혜가 차갑게 손을 뿌리쳤다.

"정혜야……."

누구보다도 어머니를 잘 따르던 아이였다. 틈틈이 조선 예법을 배웠기에 예의도 바른 아이였다. 이런 행동을 할 아이가 아니었기에 덕혜는 더 마음이 불안했다.

"정혜야, 너 왜 그래?"

"나는 일본인이야!"

정혜의 날카로운 목소리가 덕혜의 심장에 꽂혔다. 덕혜는 정신이 아찔했다. 이런 날이 오지 않기를 얼마나 바랐던가. 그런데 우려했던 일이 결국 일어나고 말았다.

정혜는 서러움이 북받쳤는지 울음을 터트리며 소리쳤다.

"아이들이 나한테 조센징의 피가 섞인 더러운 아이라고 놀린단 말이야! 나는 조센징이 아니야! 일본 사람이란 말이야!"

덕혜의 마음이 철렁 내려앉았다. 불현듯 자신의 과거가 떠올랐다. 단지 조선 사람이라는 이유로 무시와 경멸을 받아야 했던 그때. 머릿속에서 영원히 지우고 싶었던 그 기억이 불씨처럼 되살아나 덕혜를 괴롭혔다.

'안 돼. 이럴 순 없어. 내 딸까지 그런 일을 겪게 할 순 없어.'

자신이 겪었던 일이 정혜에게도 똑같이 되풀이되고 있다니 덕혜는 가슴이 먹먹해 숨조차 제대로 쉴 수가 없었다.

"정혜야."

덕혜는 정혜를 끌어안았다. 그러자 정혜는 몸을 비틀며 덕혜를 밀쳐냈다.
"나는 황녀의 딸 안 할래! 그냥 일본 사람 할래! 그리고 앞으로 나한테 정혜라고 부르지 마! 내 이름은 마사에야. 마사에란 말이야!"
"아니야! 넌 정혜야. 내 딸 정혜!"
덕혜도 그것만큼은 양보할 수 없었다.
"마사에라고 부르시오. 정혜라는 이름이 싫다지 않소!"
언제 왔는지 다케유키가 뒤에서 덕혜에게 소리쳤다.
다케유키는 다가와 딸을 감싸 안았다. 덕혜를 바라보는 그의 눈빛이 얼음장처럼 차갑고 냉정했다.
덕혜는 정혜의 팔을 붙잡으며 애원하듯 말했다.
"정혜야, 넌 엄마 딸이야."
하지만 정혜는 그렁그렁 눈물이 맺힌 눈으로 매정하게 대꾸했다.
"나는 엄마 딸은 될 수 있어도 조선 사람은 아니야. 조선은 이제 없어! 망해서 없어진 나라라고!"
"아니야. 조선은 살아 있어. 내가 조선의 마지막 황녀……."
다케유키가 덕혜의 말을 자르며 신경질적으로 쏘아붙였다.
"이제 제발 그만 좀 해요. 조선, 조선! 이게 지긋지긋하오. 더 이상 마사에에게 당신 나라를 강요하지 말란 말이오!"

다케유키는 거칠게 말을 내뱉고는 밖으로 나가 버렸다. 이어 정혜도 자기 방으로 뛰어 올라갔다.

"정혜야, 정혜야."

덕혜는 조선을 부정하는 정혜를 그대로 내버려 둘 수 없었다. 덕혜는 허겁지겁 계단을 올라갔다.

정혜는 책상에 엎드려 어깨를 들썩거렸다.

"정혜야, 엄마 좀 봐."

정혜는 고개를 숙인 채 계속 울기만 했다.

"정혜야. 내가 널 낳았어. 난 네 엄마야."

흐르는 눈물을 닦지도 않은 채 덕혜는 손으로 정혜의 등을 토닥였다.

"정혜야, 조선에 가고 싶다고 했잖아. 우리 함께 가자. 응?"

정혜는 몸을 일으키며 차갑게 말했다.

"내 몸에 손대지 마! 그렇게 가고 싶으면 엄마 혼자 가."

"정혜야."

갑자기 정혜가 양손으로 귀를 막은 채 비명을 질렀다.

"이제 그만해! 그 이름 듣기 싫어! 엄마도 싫단 말이야! 꼴 보기도 싫어!"

순간, 덕혜의 온몸이 부들부들 떨렸다. 묵직한 둔기로 머리를 얻어맞은 듯 정신이 혼미하고 머릿속이 하얘졌다.

한 나라의 옹주로 태어나 숱한 서러움을 겪었지만 지금 이 순간보다 더 서러운 순간은 없었다. 아버지를 잃고 어머니마저 잃은 덕혜에게 정혜는 유일한 혈육이자 살아가는 이유였다. 그런 정혜가 지금 자신을 외면하고 있었다. 덕혜는 자신의 가슴을 쥐어뜯었다. 지금 이 순간들을 하나도 남김없이 전부 다 도려내고 싶었다.

덕혜는 어두컴컴한 방에 쪼그려 앉아 밤새 흐느꼈다. 아무리 멈추려 해도 흐르는 눈물은 멈추지 않았다. 문득, 자신이 하나의 섬이라는 생각이 들었다. 바다 한가운데 떠 있는 아무도 찾지 않는 외로운 섬. 바람조차도 머물지 않고 그저 스쳐 지나가는 섬에 갇혀 버린 가련한 여인, 그것이 바로 덕혜였다.

그 일이 있고 난 뒤 덕혜의 정신은 점점 더 쇠약해졌다. 자다 말고 귀신에 홀린 듯 마당으로 나와 알아들을 수 없는 말을 중얼거리는 날들이 많아졌다.

하인이 방으로 들어가자고 했지만 덕혜는 고개를 내저었다. 잠옷 바람으로 길거리를 술 취한 사람처럼 비틀비틀 헤매고 다니는 날도 있었다.

하인들은 쯧쯧 혀를 차며 수군거렸다.

"마님이 미쳤나 봐."

"안됐네. 조선의 황녀라던데……. 쯧쯧."

"결혼 전부터 미쳤다는 소문도 있어. 왜 하필 주인님은 저런 여자를……."

"너 말조심해. 들으시겠어."

덕혜는 그들이 하는 말을 모두 듣고서도 모른 체했다. 방 한 구석에 쪼그려 앉은 덕혜는 눈을 지그시 감았다.

'이대로 눈을 뜨지 않는다면 아바마마와 어머니를 만날 수 있을까, 차라리 모든 것을 버리고 그곳으로 갈까, 나를 옭아매고 있는 조선의 황녀라는 것도 모두 다 벗어 던질까.'

덕혜의 머릿속은 엉클어진 실타래처럼 불안하고 혼란스러웠다.

세상도 혼란스럽기는 마찬가지였다. 일본은 전 세계를 상대로 전쟁을 치렀다. 미국의 진주만 공격을 시작으로 세계를 지배하려는 야욕을 드러냈지만 결과는 처참했다. 미국이 일본의 히로시마에 원자 폭탄을 투하하자 일본은 무조건 항복을 선언했다.

1945년 8월 15일, 일본의 패망과 동시에 조선은 광복을 맞이했다. 일본에게 나라를 빼앗긴 지 35년 만에 일이었다.

덕혜는 해방 소식에 가슴이 벅찼다. 목이 터져라 만세를 외치고 싶었다. 이제는 정혜와 함께 조선으로 돌아갈 수 있겠구나. 이 기쁨을 누구와 나눌까. 덕혜는 주위를 둘러보았지만 함께 기뻐할 사람은 아무도 없었다.

"정혜야, 이제 함께 조선으로 갈 수 있어."

그러나 그건 덕혜 혼자만의 생각이었다.

정혜는 달랐다. 일본의 패망 소식을 접한 정혜는 하얗게 질린 얼굴로 땅을 치며 통곡했다. 덕혜에게 조국은 조선이었지만 정혜에게 있어 조국은 일본이었다. 더 이상 정혜는 없었다. 마사에만 있을 뿐이었다.

정혜의 슬픈 얼굴을 바라보며 덕혜는 절망했다.

'정혜야.'

그 이름을 불러 보고 싶었지만 차마 입에서 떨어지지 않았다. 내가 죽어도 저리 슬퍼할까. 덕혜는 갑자기 정혜가 남처럼 낯설게 느껴졌다. 덕혜의 마지막 희망이 뚝 끊어져 나갔다. 부유하는 먼지처럼 어디 하나 마음 내려놓을 곳이 없었다.

1946년 가을 무렵, 어두운 방에 누워 있는 덕혜를 다케유키는 한참 동안 바라보았다.

"왜 그런거요? 그렇게 많은 약을 한꺼번에 먹다니."

덕혜는 초점 없는 눈빛으로 멍하니 다케유키를 바라보았다.

"정말로 죽으려고 했소?"

덕혜의 눈동자가 바람 앞에 촛불처럼 흔들렸다. 마치 혼이 빠져나간 사람 같았다.

"내가 누군지 알겠소?"

"……."

덕혜는 무표정한 얼굴로 그저 눈만 깜박일 뿐이었다. 이제는 정말로 다케유키를 알아보지 못하는 듯했다.

다케유키는 덕혜의 어깨를 흔들며 울먹거렸다.

"당신, 정말 내가 누군지 모르겠소? 나란 말이오. 당신 남편, 다케유키란 말이오!"

덕혜는 아무런 반응이 없었다.

덕혜의 병이 깊어 갈수록 다케유키도 점점 지쳐 갔다. 덕혜를 바라보는 다케유키의 눈빛은 예전처럼 온화하지 않았다. 하나밖에 없는 딸, 정혜도 덕혜를 바라보는 시선이 차갑기는 마찬가지였다. 다케유키는 점점 병들어 가는 덕혜를 보다 못해 결단을 내렸다.

"우리 이쯤 해 둡시다."

결국 덕혜는 다케유키의 손에 이끌려 병원으로 향했다. 다케유키는 도쿄에서 가장 오래된 마츠자와 정신 병원에 덕혜를 입원시켰다.

"당분간이오. 여기서 조금만 기다리시오."

덕혜는 말이 없었다. 돌이킬 수 없는 깊은 병이 뼛속까지 파고든 상태라는 걸 덕혜 스스로도 잘 알고 있었다.

"상황이 좋아지면 그때 데리러 오리다."

그 말을 남기고 다케유키는 덕혜의 곁을 떠났다. 그것이 다케유키와의 마지막이었다.

12. 아, 사랑하는
나의 고국으로

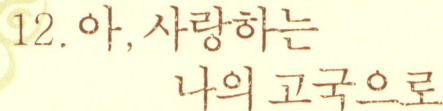

바람이 뼛속까지 파고드는 추운 겨울날, 도쿄 한 외곽의 길 위에서 한 신사가 나무에 등을 기댄 채 서 있었다. 이따금씩 시계를 쳐다보는 걸로 봐서는 누군가를 기다리는 듯했다.

잠시 뒤 저 멀리서 허름한 옷차림의 중년의 여인이 그가 있는 쪽으로 걸어왔다. 그 여인은 복순이었다.

"여기입니다."

그가 걸어오는 복순을 향해 손을 번쩍 들어 보였다.

복순도 세월을 비껴갈 순 없었다. 또랑또랑한 눈망울로 곁에서 그림자처럼 옹주마마를 모셨던 어린 복순의 모습은 이미 온데간데없었다. 눈 밑에는 검버섯이 피었고 양 볼의 주름은 깊었다. 덕혜와 헤어진 후, 복순은 식당을 전전하며 근근이 살아왔다. 의지할 사람 하나 없는 일본 땅을 몇 번이나 떠나려 했지만 차마 그럴 수 없었다. 평생토록 모시겠다고 맹세했던 옹주께서 아직도 일본 땅에 계시는데 혼자서만 조선으로 돌아갈 순 없었다. 언젠가 다시 덕혜를 만날 수 있을 거라는 실낱같은 희망으로 서러운 세월을 견디며 살아온 것이다.

복순의 얼굴은 몹시 상기되어 있었다. 추운 날씨 때문만은 아니었다.

"김을한 기자님, 맞으시죠?"

"예, 그렇습니다."

"우리 옹주마마께서 이곳에 계신단 말이죠?"

"예. 취재를 하던 중에 옹주마마께서 여기에 계시다는 걸 알게 되었습니다."

복순이와 김을한은 마츠자와 병원을 향해 걸어갔다. 병원 입구에 도착한 복순이는 가슴을 쓸어내리며 연신 깊은 한숨을 내쉬었다.

"어떻게 이런 곳에 우리 옹주마마께서……."

복순은 후들후들 떨리는 다리로 발걸음을 옮겼다. 김을한이 간호사와 대화를 나누는 동안 복순은 차라리 이곳에 덕혜가 없기를 간절히 바랐다.

간호사가 복도 끝을 가리키며 말했다.
"저쪽입니다. 따라오세요."
간호사를 따라 김을한은 어둑한 복도 끝으로 걸어갔다. 복순도 빠른 걸음으로 뒤를 따랐다.
"여기입니다. 이곳에 계십니다."
간호사는 방 번호도 없는 복도 맨 끝의 병실 앞에 멈춰 섰다.
김을한은 떨리는 손으로 손잡이를 잡아 돌렸다. 문이 스르르 열렸다.
병실 안에는 음산한 기운이 감돌았다. 불빛을 잃어 가는 희미한 형광등 아래 낡고 허름한 침대가 보였다. 병실이라기보다는 감옥에 가까웠다. 놀랍게도 그곳에 덕혜가 있었다.
덕혜의 모습은 충격적이있나. 창백하고 초췌한 얼굴에 앙상한 팔과 다리, 머리카락이 군데군데 하얗게 센 초라한 여인의 모습으로 변해 버린 덕혜가 그곳에 있었다. 그곳에서 조선의 황녀는 생명을 잃어 가는 마른 나뭇가지처럼 시들어 가고 있었다.
덕혜를 기억하는 사람은 아무도 없었다. 조선의 황녀로도, 다케유키의 아내로도, 정혜의 엄마로도 그녀는 남아 있지 않았다. 오랜 세월동안 세상 사람들로부터 철저히 외면당한 채 정신 병원에 죄인 아닌 죄인처럼 갇혀 있었다.

"옹주마마……."

복순은 믿을 수 없다는 듯 고개를 저었다.

"마마, 저예요. 복순이에요."

복순이는 가슴을 치며 울부짖었다.

"마마, 생각나지 않으세요? 일본 순사한테 끌려갈 뻔했을 때 마마께서 저를 구해 주셨잖아요. 마마와 함께 일본으로 건너온 복순이가 저예요!"

"……."

덕혜는 여기에 있는 사람들이 누군지, 왜 왔는지 관심이 없어 보였다. 앙상하게 마른 손으로 치맛자락을 만지작거리며 창밖만 바라볼 뿐이었다.

복순이는 흐르는 눈물을 닦지도 않은 채 두 손으로 이마를 받치고 큰절을 올렸다.

"마마, 절부터 받으세요."

바닥에 닿은 이마를 차마 들지 못한 채 복순이는 그 자리에서 통곡했다.

"결혼해서 잘 사시는 줄 알았는데 어떻게……."

복순은 힘겹게 일어나 덕혜의 손을 잡았다. 덕혜는 잔뜩 겁에 질린 표정을 짓더니 몸을 움츠리며 힘껏 손을 뺐다.

"옹주마마."

덕혜는 아무 말 없이 창밖으로 보이는 나뭇가지만 바라보았다.

덕혜의 앙상한 뒷모습을 바라보던 김을한도 가슴에서 북받쳐 오르는 감정을 이기지 못하고 끝내 목 놓아 울었다. 구슬픈 울음소리가 병실 안을 가득 채웠다.

세상 천지에 어찌 이런 일이 있을 수 있을까. 한 나라의 황녀가 감옥과도 같은 곳에서 쓸쓸히 살아가는 동안 사람들은 무엇을 하고 있었나 생각하니 김을한의 마음은 더욱 서글펐다.

"옹주마마, 용서하십시오. 이제야 찾아뵈옵니다."

김을한은 한 걸음, 한 걸음 조심스럽게 덕혜에게 다가갔다. 이어 슬픔에 젖은 목소리로 힘겹게 말을 이었다.

"옹주마마, 이제 곧 조선으로 가시게 될 거예요. 마마의 나라로 돌아간다고요."

덕혜는 고개를 살짝 돌려 김을한을 바라보았다. 그리고 작은 목소리로 웅얼거렸다.

"……조……서언……."

그 한 마디가 끝이었다. 덕혜는 불안한 듯 시선을 피하더니 다시 창문 쪽으로 몸을 돌렸다. 그리곤 힘겨운 듯 벽에 머리를 기댔다.

간호사가 짧은 한숨을 내쉬며 말했다.

"종일 저렇게 구석만 찾아다녀요. 가끔씩 반응을 할 때도 있지만 그때뿐이에요. 남편에게 이혼당하고 결혼한 딸이 행방불명된 뒤로 병이 더 심해진 것 같아요. 말을 잃은 건지 아니면 일부러 입을 닫은 건지 알 수 없어요. 제대로 된 목소리를 들은 지 한참 됐어요."

덕혜는 자신이 스스로 만든 세상 안에 갇혀 있었다. 누구의 간섭도 없고 누구도 그리워하지 않아도 되는 자신만의 견고한 침묵의 성, 어쩌면 덕혜에게 있어 그 침묵은 이 세상을 향해 외치는 가장 큰 저항이었는지도 몰랐다.

복순은 김을한의 팔에 매달려 울먹거렸다.

"기자 나리, 우리 옹주마마를 부탁드립니다. 옹주마마를 하루빨리 고국으로 모셔 주세요. 이곳에 계실 분이 아닙니다."

김을한은 굳게 입을 다문 채 고개를 끄덕였다.

1962년 1월 26일, 도쿄 하네다 공항에는 덕혜가 떠나는 모습을 보기 위해 많은 인파들이 몰렸다. 30여 년 전 함께 여자 학습원을 다녔던 학우들의 모습도 보였다. 그들이 꽃다발을 건네며 덕혜에게 작별 인사를 고했지만 덕혜는 아무런 반응도 보이지 않았다. 일본에서의 서러운 기억과 돌이킬 수 없는 순간들을 뒤로하고 덕혜는 발걸음을 옮겼다.

덕혜는 복순의 부축을 받으며 비행기 트랩에 올랐다. 비행기는 덕혜가 사무치게 그리워하던 조선으로 향했다.

"옹주마마, 이제 조금만 있으면 조선이에요. 마마께서 그렇게 가고 싶어 하시던 조선이요."

"……조……선."

덕혜는 평생 가슴 깊은 곳에 그리움으로 자리 잡고 있던 간절함을 나지막이, 띄엄띄엄 토해 냈다.

"그래요. 조선. 옹주마마, 기억나세요? 제가 누군지도 아세요?"

하지만 거기까지가 전부였다. 덕혜는 더 이상 말문을 열지 않았다. 낯선 타국에서 감내해야 했던 37년간의 치욕적인 세월이, 유일한 혈육이었던 정혜의 외면이, 정신 병원에 감금되어 있었지만 아무도 기억해 주지 않았던 세상 사람들의 무심함이 그녀에게서 말을 빼앗고 말았다.

창문 밖으로 보이는 하얗고 푸르른 하늘, 덕혜의 눈에는 그 길이 마치 꿈길 같았다.

이윽고 비행기가 조선 땅에 닿았다.

조선의 마지막 황녀가 고국으로 돌아온다는 소식에 수많은 인파가 김포 공항에 모여들었다.

비행기 문이 열리자 덕혜의 모습이 드러났다. 덕혜는 위태로운 발걸음으로 한 걸음, 한 걸음 비행기 트랩을 내려왔다.

덕혜는 잠시 눈을 감고 깊게 숨을 들이마셨다. 조선의 바람, 조선의 햇살, 조선의 기운이 덕혜의 가슴 깊은 곳까지 구석구석 스며들었다.

'아, 이 얼마나 사무치게 그리워하던 것들인가. 조선을 떠날 때 가슴 깊이 담아 두었던 그 기운 그대로구나. 정녕 여기가 내 나라 조선이란 말인가.'

그때 머리가 하얗게 센 할머니 한 분이 덕혜 앞에 서더니 큰절을 올렸다.

"마마, 이제 오시옵니까."

덕혜에게 절을 올린 사람은 어린 시절 늘 곁에서 덕혜를 돌보던 유모였다. 유모는 나무껍질같이 마른 손으로 덕혜의 손을 어루만졌다.

"그리 곱던 분이 어떻게 이렇게……."

덕혜는 유모를 유심히 쳐다보았다. 잃어버린 기억의 저편에서 희미해진 옛 기억을 끄집어내려고 안간힘을 쓰는 듯했다. 어린 시절 자신을 따뜻하게 안아 주었던 유모의 품이, 힘겨울 때 내밀어 주었던 유모의 손길이 희미하게 되살아나는 듯했다.

"마마, 저를 모르시겠사옵니까? 마마의 유모인 변복동이옵니다."

덕혜는 그저 눈만 깜박일 뿐 아무 말이 없었다.
'내가 어찌 유모를 모르겠느냐. 시간이 참 많이도 흘렀구나.'
유모는 변해 버린 옹주를 보며 소리 없이 울었다.
"옹주마마, 흐흑흑."

덕혜의 거처는 아직 조선 왕조의 숨결이 살아 있는 창덕궁 낙선재로 정해졌다. 세상은 흐르는 시간과 함께 과거의 모습을 한 겹 한 겹 벗어 던지고 새롭게 변해 갔지만, 궁궐 안은 옛 모습 그대로였다.

마당에 아물아물 아지랑이가 피어오르는 볕 좋은 날, 덕혜는 지난날의 아련한 추억을 좇아 궁궐 이곳저곳을 돌아다녔다.

꽃향기로 둘러싸인 부용정에 앉아 잔잔한 연못을 내려다보니 환하게 웃고 계시는 고종의 얼굴이 물 위로 떠올랐다. 덕혜는 손을 뻗으며 마음속으로 말을 전했다.

'아바마마, 덕혜이옵니다. 아바마마는 여전히 저를 보며 웃고 계시는군요. 저를 얻고 그리도 행복하셨습니까? 아바마마의 깊은 사랑을 제가 어찌 다 갚겠나이까. 아바마마께서 그리 사랑하시던 아이가 이리 변했나이다.'

덕혜는 붉어진 눈시울로 한참 동안 연못을 바라보았다. 연못은 아무 일도 없었다는 듯 고요하고 잔잔했다. 덕혜는 흐르는 눈물을 소매 끝으로 훔치며 관물헌을 빠져나왔다.

낙선재로 향하는 길 내내, 덕혜의 머릿속에는 또 다른 그리운 얼굴들이 스쳐 지나갔다. 덕혜는 그리운 이들의 이름을 마음속으로 하나하나 불러 보았다. 그러나 덕혜의 말은 가슴 깊은 곳에 묻혀 누구도 덕혜의 마음을 헤아리지 못했다. 다른 이들의 눈에 덕혜는 모든 기억을 지우고 어린 아이가 되어 버린 것처럼 보였다.

궁에 들어온 후, 덕혜는 하루하루 평온한 나날을 보냈다. 이제는 할머니가 되어 버린 유모와 복순이 덕혜의 곁을 지켰다. 가끔 정신이 맑은 날에는 가슴에 담긴 말을 글씨로 쓰기도 했다.

> 나는 낙선재에서 오래오래 살고 싶어요.
> 전하, 비전하 보고 싶습니다.
> 대한민국 우리나라.

유치원생마냥 비뚤비뚤한 글씨였지만 한 글자, 한 글자에 덕혜의 간절한 바람이 모두 담겨져 있었다. 그동안 태어나고 자란 궁에서의 추억이 얼마나 애달팠을까. 조국의 품이 얼마나 그리웠을까. 옆에서 글씨를 쓰는 덕혜를 보며 복순은 덕혜의 마음속 그리움을 읽을 수 있었다.

그날 어눌한 말투였지만 덕혜는 기적처럼 불쑥 말문을 열었다.
"복순아, 아바마마는 어찌되셨지?"
"돌아가셨습니다."
복순이 조심스럽게 대답했다. 덕혜는 잠시 망설이다 다시 물었다.
"그럼, 어머니는 어디에 계시더냐?"
"양 귀인께서도 돌아가셨습니다."
덕혜의 얼굴에 슬픈 그림자가 드리워졌다. 그러다 문득 소중한 것이 생각난 것처럼 눈을 반짝이며 말했다.
"그래, 정혜. 내 딸 정혜가 보고 싶구나. 정혜를 불러 다오."
"……."
복순은 정혜에 대해선 차마 입을 열 수가 없었다.
"공부하러 학교에 간 게로구나. 그렇지?"
복순은 아랫입술을 깨물며 고개를 끄덕였다.
"마마……. 흑흑."
"어찌 우느냐?"

"아, 아니옵니다. 아무 것도 아니옵니다."

복순은 소매 끝으로 눈물을 훔쳤다.

덕혜는 중얼거리듯 나지막한 목소리로 말했다.

"복순아, 세상 사람들은 나를 어떻게 기억할까?"

"마마, 그게 무슨 말씀이옵니까?"

"고종 황제의 딸로 기억할까? 아니면 다케유키의 아내, 아니면 정혜의 엄마……."

덕혜의 쓸쓸한 눈빛을 들여다보던 복순이 가만히 손을 잡으며 말했다.

"마마, 마마는 조선의 마지막 황녀이십니다."

"그래? 지금도 그러하더냐……."

덕혜는 말끝을 흐렸다. 그리고 한참 후에야 마음 깊은 곳에서 꺼낸 말을 힘겹게 이었다.

"참으로 허망하고 죄 많은 인생이었다. 왜 그토록 가슴속에 많은 것들을 품고 살았는지……. 그래도 행복했지. 그것들 때문에 내내 마음 아팠지만 그게 날 살게 했지."

"마마……."

덕혜의 시야가 점점 흐릿해졌다. 겨울날, 위태로운 나뭇잎처럼 덕혜는 기운이 없어 보였다.

"복순아, 나 좀 누워야겠구나."

덕혜는 천천히 숨을 고른 후 자리에 누웠다. 덕혜는 이내 꿈길 속으로 빠져들었다.

"우리 아가, 이리 와 아비 등에 업히렴."

"정말요?"

"그럼. 이 아비의 등은 너의 것이 아니더냐."

"히히. 아바마마의 등은 참 넓은 것 같사옵니다. 포근하기도 하고요."

"이 아비의 등이 그리우면 언제든지 말하려무나. 알겠지?"

"예. 아바마마."

"우리 아기는 커서 뭐가 되고 싶으냐?"

"선생님이 되고 싶습니다."

"선생님이라. 어찌 그런 생각을 했느냐?"

"조선의 백성들에게 글도 가르치고 노래도 가르치고 싶어요. 학교도 지을 거예요."

"생각하는 게 기특하구나. 나중에 커서 꼭 그것들을 이루어라. 알겠지?"

"예, 아바마마."

"이제 아비의 등에서 자려무나. 아비가 재워 줄까?"

아주 오랜만에 덕혜의 얼굴에 평안한 미소가 번졌다. 그 모습은 가슴 깊은 곳에 숱한 그리움을 품고 살아야 했던 덕혜가 아니라 아무 근심 걱정 없이 해맑게 미소 짓던 어린 옹주의 모습이었다.

조선의 황녀로 태어났지만 한 순간도 자유롭지 못했던 여인, 누구보다도 존귀했지만 모든 이에게 잊힌 여인. 덕혜 옹주는 매화 향 그윽한 꿈길 속으로 천천히, 고요하게 걸어 들어갔다.

조선의 마지막 황녀, 덕혜 옹주의 생애
(1912. 5. 25 ~ 1989. 4. 21)

  조선 왕조의 제26대 왕인 고종은 1897년, 국호를 대한 제국으로 바꾸고 자주적인 개혁을 통해 새 시대를 열고자 했습니다. 그러나 일본, 중국, 러시아 등 열강 세력들의 이권 다툼으로 인해 대한 제국은 자주성을 위협 받게 됩니다.

  1904년 2월에는 대한 제국과 만주의 패권을 둘러싸고 일본과 러시아 사이에 전쟁이 일어납니다. 전쟁에서 승리한 일본은 고종을 위협해 1905년에 강제로 을사조약을 체결합니다. 이로써 조선의 외교권은 박탈되고 일본의 내정 간섭이 본격화됩니다.

  고종은 1907년, 세계 여러 나라의 대표들이 모여 세계 평화를 논의하기 위해 열리는 헤이그 만국 평화 회의에 이준과 이상설 등을 파견하여 일본 침략의 부당함과 을사조약의 무효를 세계에 호소하려 하였습니다. 그러나 일본의 방해로 실패하고 맙니다. 일본은 이 사건을 빌미로 고종을 강제 퇴위시키고 아들인 순종을 즉위시키기에 이릅니다.

순종 즉위 후, 일본은 본격적으로 조선에 대한 야욕을 드러냅니다. 1910년, 일본은 총리대신 이완용에게 합병 조약안을 수락할 것을 독촉해 결국 그해 8월 이완용과 데라우치 마사타케 사이에 한일 합병 조약이 체결됩니다. 이로써 27대에 걸쳐 519년을 이어온 조선 왕조는 사라지고 우리 민족은 일본의 식민 통치를 받게 되었습니다.

이런 아픈 역사 속에서 1912년, 회갑을 맞은 고종과 궁녀 양 씨 사이에서 덕혜 옹주가 태어납니다. 고종은 옹주를 낳은 양 귀인에게 '복녕당'이라는 당호를 내리고 옹주가 태어난 지 50일 만에 자신의 거처인 함녕전으로 아기를 데려옵니다.

고종에게는 4명의 딸이 있었지만, 위로 셋이 모두 채 1살이 되지 못해 죽었기 때문에 덕혜는 고종의 외동딸이었습니다. 고종은 옹주를 위해 황제의 편전인 덕수궁 준명당에 유치원을 마련할 만큼 옹주를 사랑했습니다. 옹주는 고종의 세심한 사랑과 세상 사람들의 관심 속에서 행복한 어린 시절을 보냈습니다.

1919년 1월 21일 고종은 일본의 지령을 받은 친일파 세력에 의해 독살되고 맙니다. 고종의 승하 소식이 전해지자 조선 백성들의 일본에 대한 증오는 극도에 달했고, 같은 해 3월1일을 기하여 범민족 항일 독립 운동이 일어납니다.

1921년에 옹주는 서울에 거주하는 일본인을 위해 마련된 히노데 소학교 2학년으로 입학해 일본식 교육을 받게 됩니다. 이 무렵에 덕혜라는 정식 이름을 갖게 됩니다.

　그로부터 4년 뒤, '황족은 일본에서 교육시켜야 한다'는 일제의 방침에 따라 옹주는 일본 유학길에 오릅니다. 도쿄에 도착한 옹주는 1925년 4월, 황족과 귀족 집안 자제들이 다니는 여자 학습원에 편입합니다. 일본 학우들에게 망한 나라의 황녀라고 심하게 놀림을 받으며 우울한 청소년기를 보냅니다.

　1926년, 순종이 위독하다는 소식을 듣고 옹주와 영친왕은 급히 귀국하지만 4월 25일 순종이 승하합니다. 당시 일본은 옹주가 국장에 참석하는 것을 허락하지 않아 옹주는 일본으로 돌아옵니다. 이어 1929년 5월 30일, 옹주의 어머니 양 귀인이 향년 48살에 유방암으로 영면합니다. 옹주는 검은 양장 차림으로 어머니께서 머물렀던 창덕궁 관물헌에 잠깐 머무릅니다. 당시 조선 예법상 3년 동안 상복을 입는 것이 당연한 일이었으나, 일본은 왕공가궤범의 규정에 따라 양 귀인은 귀족이 아니라는 이유로 옹주에게 상복조차 입지 못하게 합니다. 결국 옹주는 어머니의 마지막 가는 길을 지켜드리지 못하고 일본 귀국길에 오릅니다.

　가까운 이들의 연이은 죽음으로 큰 충격을 받은 옹주는 말문을 닫아 버립니다. 날이 갈수록 수척해지던 옹주는 1930년, 조발성 치매증이라는 진단을 받습니다.

　20살이 되던 해인 1931년, 일본은 일방적으로 옹주의 결혼 소식을 발표합니다. 옹주는 낯선 이국땅에서 대마도 번주의 아들, 소 타케유키 백작과 강제로 비운의 결혼식을 치릅니다.

결혼 후 1년 뒤 딸 정혜가 태어납니다. 옹주는 출산 후 급격하게 몸 상태가 나빠집니다. 옹주는 정혜에게 조선의 말과 조선 황실의 예법을 가르치며 조선인으로 살아가길 바라지만 정혜는 성장하면서 조선을 부정하고 일본인으로 살아가길 원합니다. 그런 과정 속에서 모녀는 서로 갈등하고 감정의 골은 깊어졌습니다.

그런 가운데 제2차 세계 대전에서 일본군이 연합군에 항복을 선언해 1945년 8월 15일 대한민국은 광복을 맞이합니다. 1947년, 일본의 귀족 제도가 폐지되면서 타케유키가 백작의 지위를 잃게 됩니다. 옹주는 이 무렵 타케유키에 이끌려 마츠자와 정신 병원에 입원합니다. 1955년 입원해 있던 중에 옹주는 남편으로부터 이혼을 당하고 이 무렵, 정혜가 일본 산악 지대에서 행방불명이 됩니다.

오랜 시간동안 세상 사람들에게 잊혀진 옹주는 서울신문 도쿄 특파원이었던 김을한에 의해 발견되어 세상에 알려집니다. 김을한은 대한민국 정부에 옹주의 귀환을 요청하지만 이승만 정부는 이를 거부합니다. 1961년 김을한은 정권을 잡은 박정희 의장을 찾아가 옹주의 귀국을 요청합니다.

일본으로 끌려간 지 38년 만인 1962년 1월 26일, 옹주는 꿈에도 그리던 고국 땅으로 돌아옵니다. 귀국 후 덕혜 옹주는 정부의 도움으로 서울대학병원에 입원해 7년 간 치료와 요양으로 마음의 안정을 되찾았으나 이미 진행된 정신의 병은 회복되지 않았습니다.

1968년 덕혜 옹주는 병원에서 나와 창덕궁 낙선재로 거처를 옮깁니다.

　1970년 5월 1일, 오빠인 영친왕이 영면했다는 소식을 접하지만 덕혜 옹주는 그 상황조차 이해하지 못합니다. 2년 뒤에는 전 남편 소 다케유키가 낙선재를 찾아와 만나기를 청하지만 덕혜 옹주를 만나지 못하고 돌아갑니다.

　옹주는 창덕궁에 머무르며 가끔씩 정신이 맑을 때면 비뚤비뚤한 글씨로 '낙선재에서 오래오래 살고 싶어요. 전하, 비전하 보고 싶습니다. 대한민국 우리나라' 라고 쓰기도 합니다.

　1989년 4월 21일, 덕혜옹주는 파란만장했던 삶을 뒤로하고 78세의 나이로 눈을 감았습니다. 덕혜옹주의 묘는 아버지 고종이 묻힌 경기도 남양주시 금곡동에 있습니다.

연표

- 1912년   5월 25일, 대한민국 서울 덕수궁에서 태어납니다.
- 1919년 8세   1월 21일, 아버지 고종이 사망합니다.
              3월 1일, 독립 운동이 일어납니다.
- 1920년 9세   어머니 양귀인과 함께 창덕궁 관물헌으로 거처를 옮깁니다.
              오빠인 영친왕(이은)과 일본의 황족 나시모토노미야 마사코(이방자)가 결혼합니다.
- 1921년 10세 4월, 히노데 소학교 2학년에 입학합니다.
              5월, 덕혜라는 정식 이름을 가지게 됩니다.
- 1925년 14세 3월, 일본 도쿄로 가서 살게 됩니다.
              4월, 일본의 학교인 여자 학습원 본과 중기 2학년으로 편입합니다.
- 1926년 15세 4월 25일, 오빠 순종이 사망합니다.
- 1929년 18세 5월, 어머니 양귀인이 사망합니다.
- 1930년 19세 9월, 새학기가 시작되었으나 등교하지 못하고 심한 불면증에 시달립니다. 조발성 치매증이라는 진단을 받습니다.

- 1931년 20세　3월, 여자 학습원 본과를 졸업합니다.
　　　　　　　5월 8일, 대마도 백작 소 타케유키와 정략 결혼을 합니다.
- 1932년 21세　8월 14일, 딸 소 마사에(정혜)가 태어납니다.
- 1939년 28세　딸 소 마사에가 학교에 입학합니다.
- 1941년 30세　12월, 태평양 전쟁이 시작됩니다.
- 1950년 39세　병원에서 기자 김을한을 만납니다.
　　　　　　　6월 25일, 한국 전쟁(6·25 전쟁)이 발발합니다.
- 1955년 44세　소 다케유키와 이혼하고 호적상 양덕혜가 됩니다.
- 1956년 45세　8월, 외동딸 마사에가 행방불명됩니다.
- 1962년 51세　1월, 일본 하네다 공항에서 특별기로 고국에 돌아옵니다. 서울대학교 병원에 입원합니다.
- 1968년 57세　창덕궁으로 거처를 옮깁니다.
　　　　　　　낙선재와 수강재에서 지내게 됩니다.
- 1970년 59세　5월 1일, 오빠 영친왕의 사망 소식을 접하지만 이를 이해하지 못합니다.
- 1989년 78세　4월 21일, 낙선재에서 세상을 떠납니다.